JN065884

INNOVATION
国語授業イノベーションシリーズ

「立体型板書」の国語授業
10のバリエーション

沼田拓弥
［著］

論理的思考力を育てる10の板書

●類別型　●対比型　●ベン図型　●構造埋め込み型　●問答・変容型
●人物相関図型　●スケーリング型　●移動型　●穴埋め型　●循環型

東洋館出版社

まずはここから！

板書おすすめアイテム＆スキル

「モチモチの木」の授業より（本書54ページ）

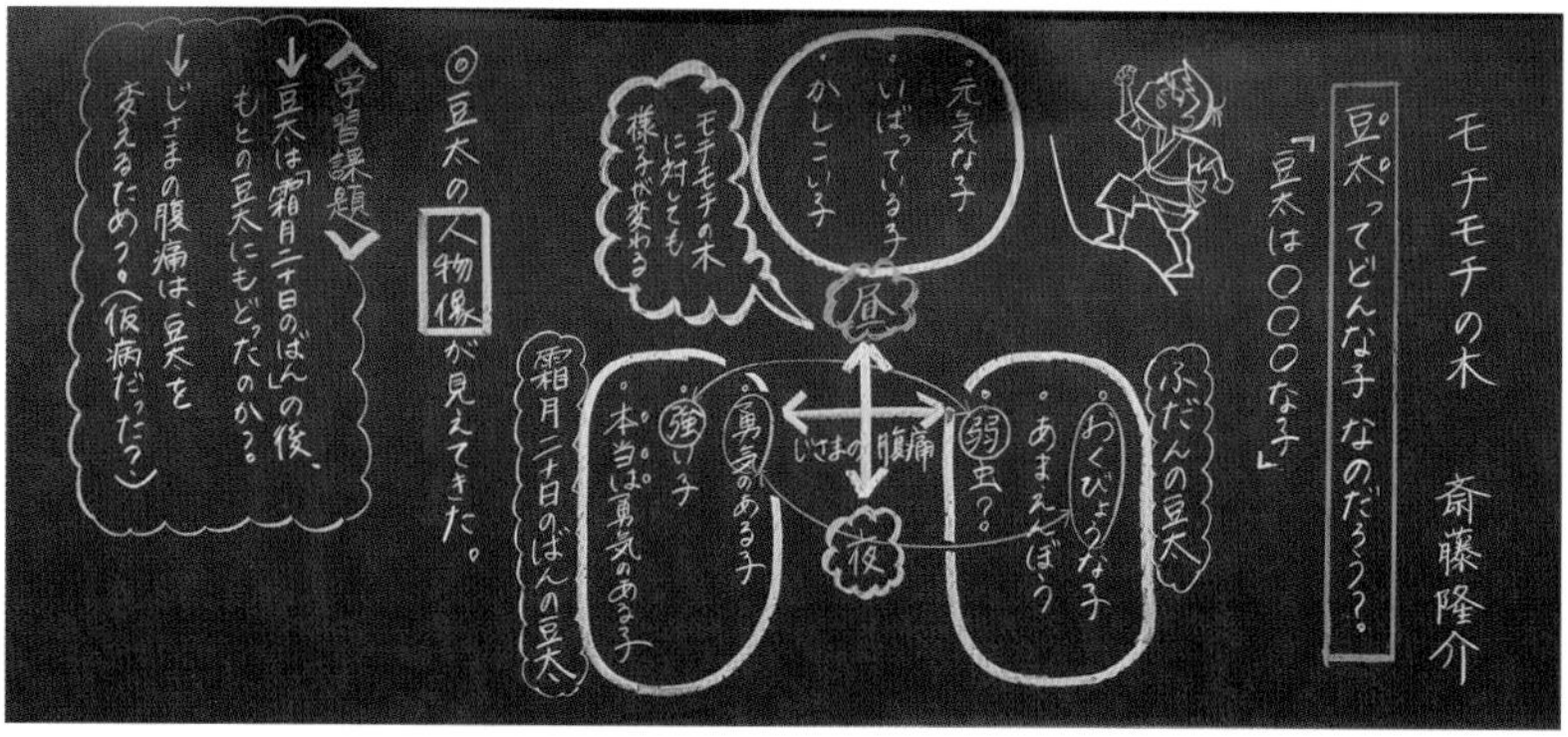

モチモチの木
斎藤隆介
豆太ってどんな子なのだろう？。
「豆太は○○○な子」
ふだんの豆太
・おくびょうな子
・あまえんぼう
・弱虫？。
・元気な子
・いばっている子
・かしこい子
昼
夜
じさまの腹痛
モチモチの木に対しても様子が変わる
霜月二十日のばんの豆太
・勇気のある子
・強い子
・本当は勇気のある子
◎豆太の人物像が見えてきた。
学習課題
↓豆太は「霜月二十日のばん」の後、もとの豆太にもどったのか。
↓じさまの腹痛は、豆太を変えるため？。（仮病だった？）

「ごんぎつね」の授業より（本書68ページ）

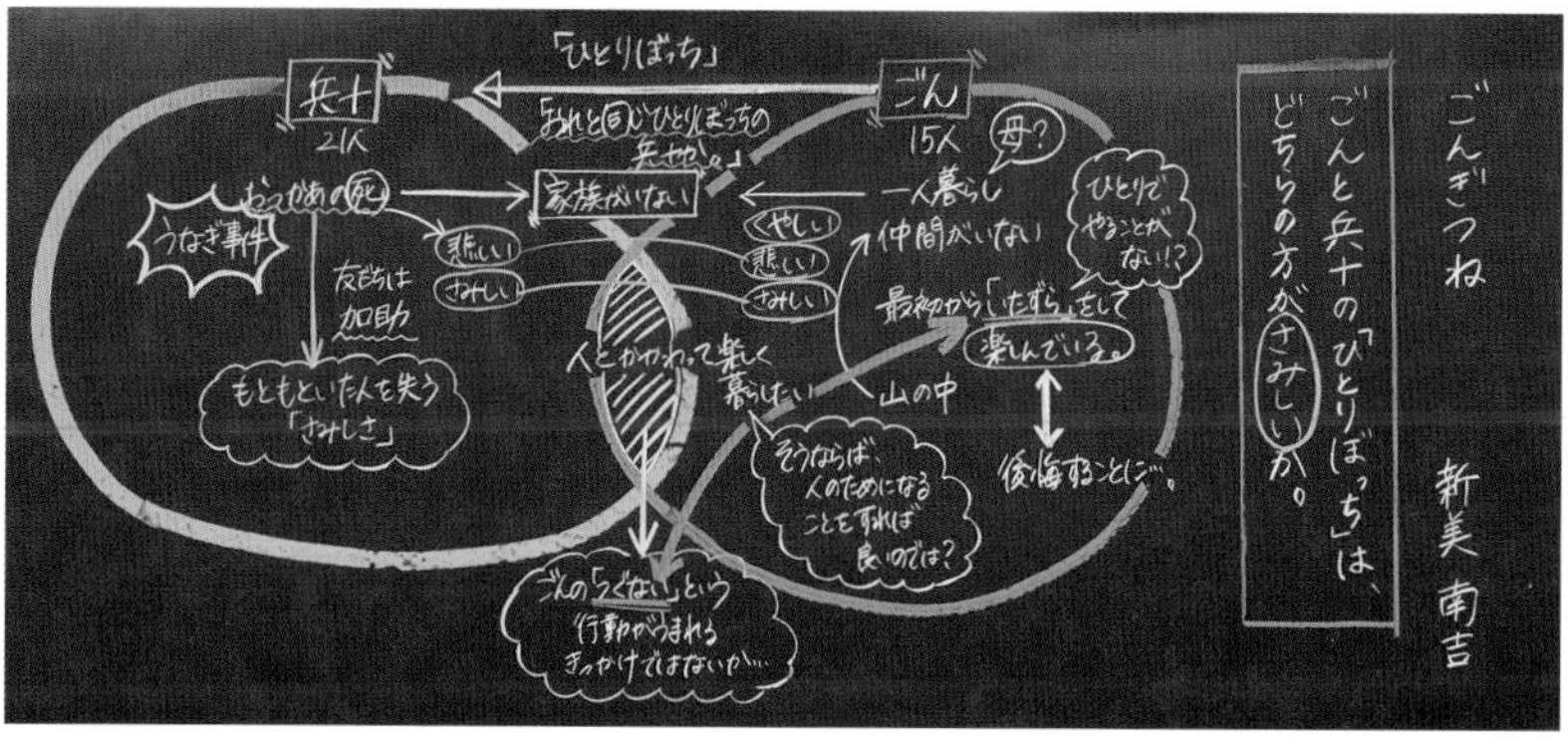

ごんぎつね
新美南吉
ごんと兵十の「ひとりぼっち」は、どちらの方がさみしいか。
「ひとりぼっち」
兵十
21人
ごん
15人
「おれと同じひとりぼっちの兵十か。」
おっかあの死
家族がいない
一人暮らし
仲間がいない
母？
ひとりでやることがない！？
うなぎ事件
悲しい
さみしい
友だちは加助
くやしい！
悲しい！
さみしい
最初から「いたずら」をして楽しんでいる。
後悔することに。
山の中
もともといた人を失う「さみしさ」
人とかかわって楽しく暮らしたい
そうならば、人のためになることをすれば良いのでは？
ごんの「つぐない」という行動がうまれるきっかけではないか…

「海の命」の授業より（本書88ページ）

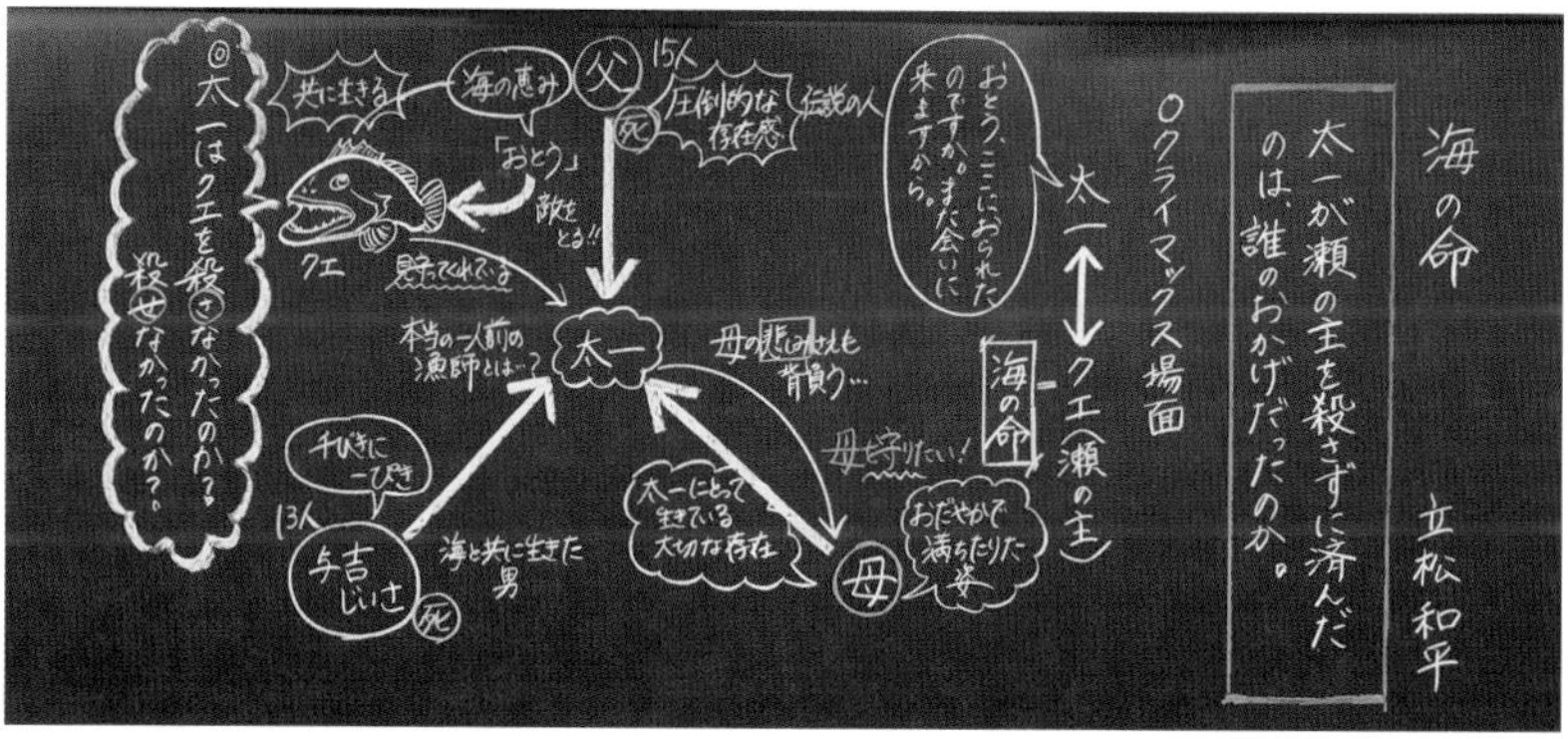

海の命
立松和平
太一が瀬の主を殺さずに済んだのは、誰のおかげだったのか。
○クライマックス場面
太一↔クエ（瀬の主）
海の命
おとう、ここにおられたのですか。また会いに来ますから。
父
15人
死
圧倒的な存在感
伝説の人
海の恵み
共に生きる
「おとう」
敵をとる!!
クエ
見すてられず
本当の一人前の漁師とは…？
太一
母の悲しみさえも背負う…
母を守りたい！
千びきに一ぴき
13人
与吉じいさ
死
海と共に生きた男
太一にとって生きている大切な存在
おだやかで満ちたりた姿
母
◎太一はクエを殺さなかったのか？殺せなかったのか。

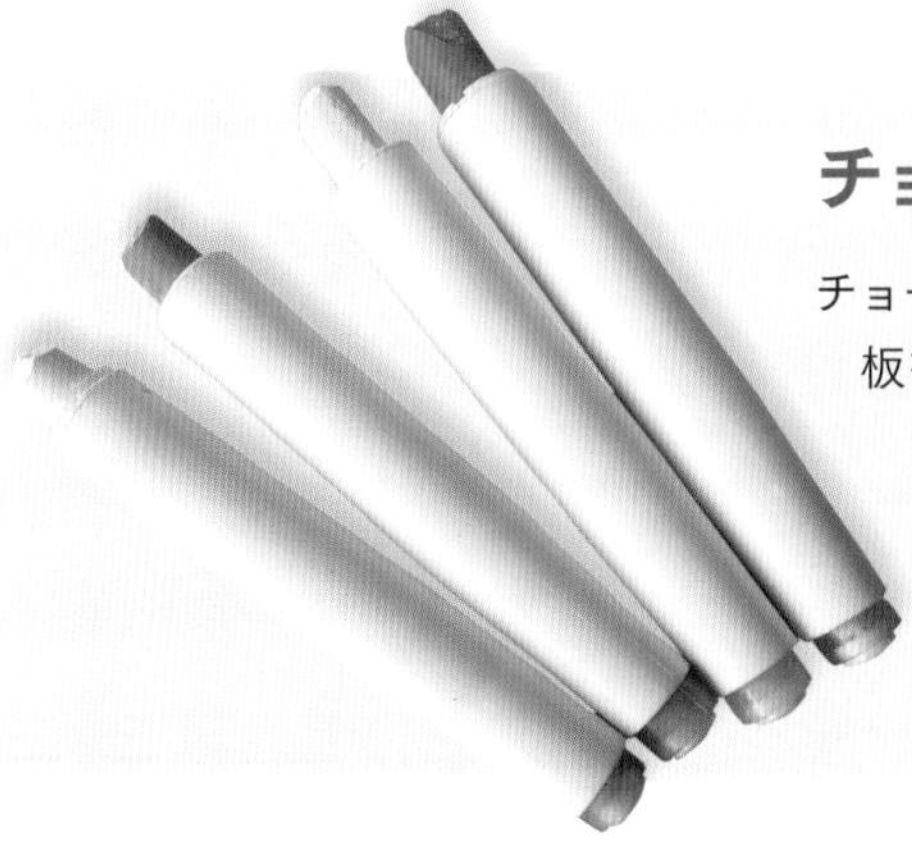

チョークホルダー 1

チョークホルダーを使うことで、板書がとても書きやすくなります。腕の疲れも軽減されます。手が荒れやすい方は、手にも優しい！お試しあれ！

2 線の太さを変える（縦持ち、横持ち）

通常は「縦持ち」で文字を書きますが、矢印や吹き出し等の強調させたい部分は、短くなったチョークを「横持ち」にすることで太い線を描くことができます。板書も線の太さを使い分けるとメリハリがでます。

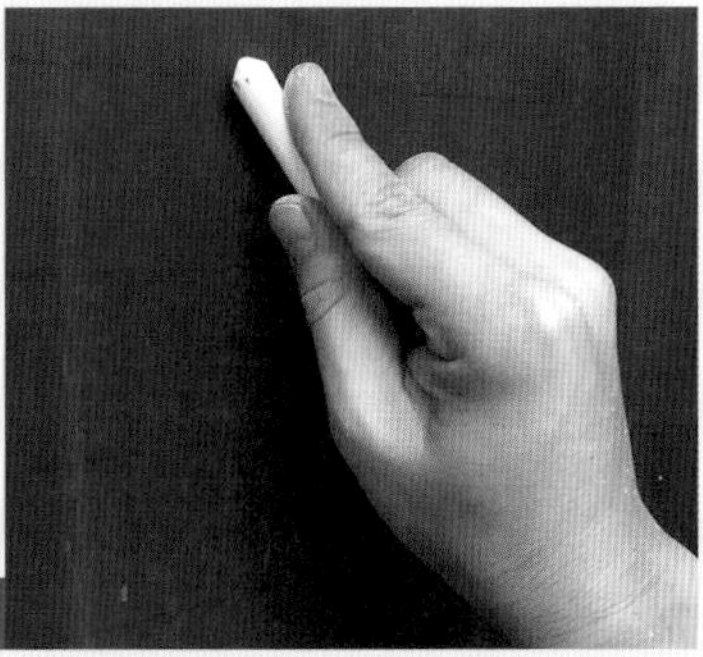

一般的な縦持ち

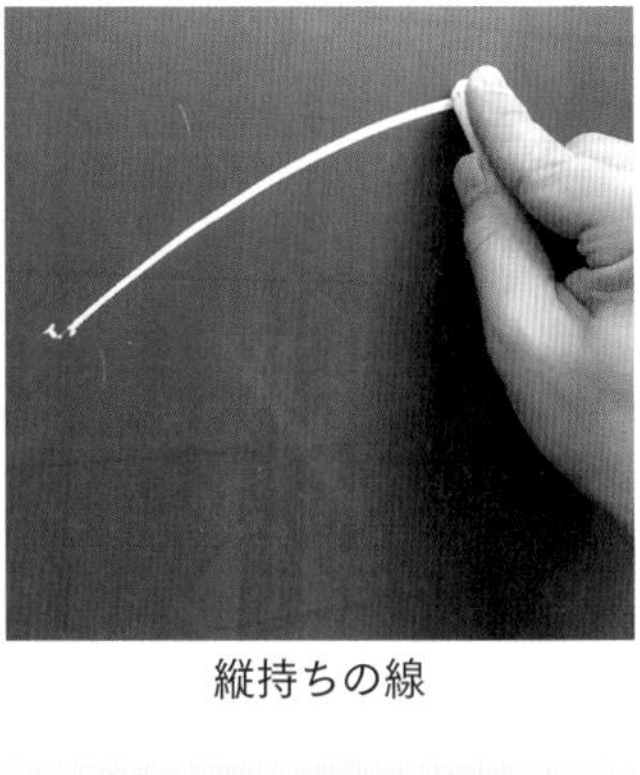

縦持ちの線

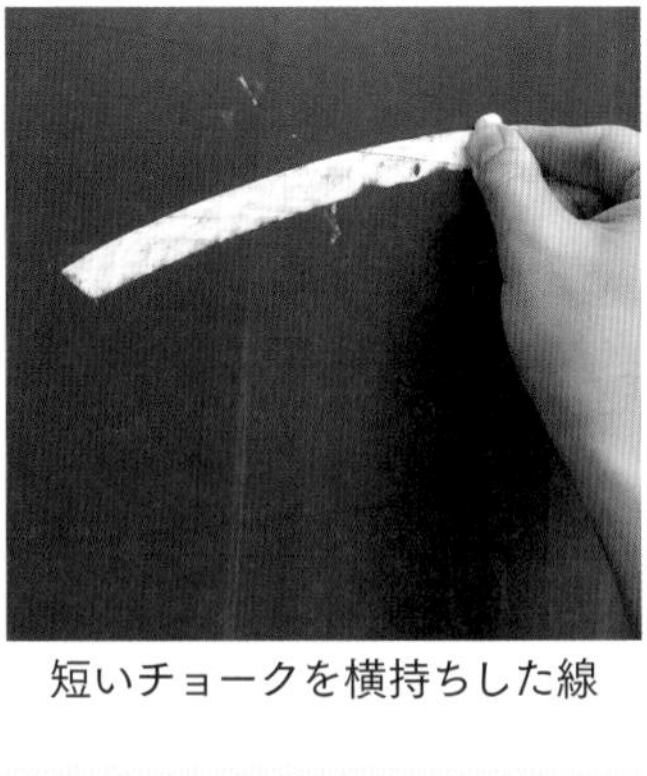

短いチョークを横持ちした線

3 黒板の日付は旧暦で記入

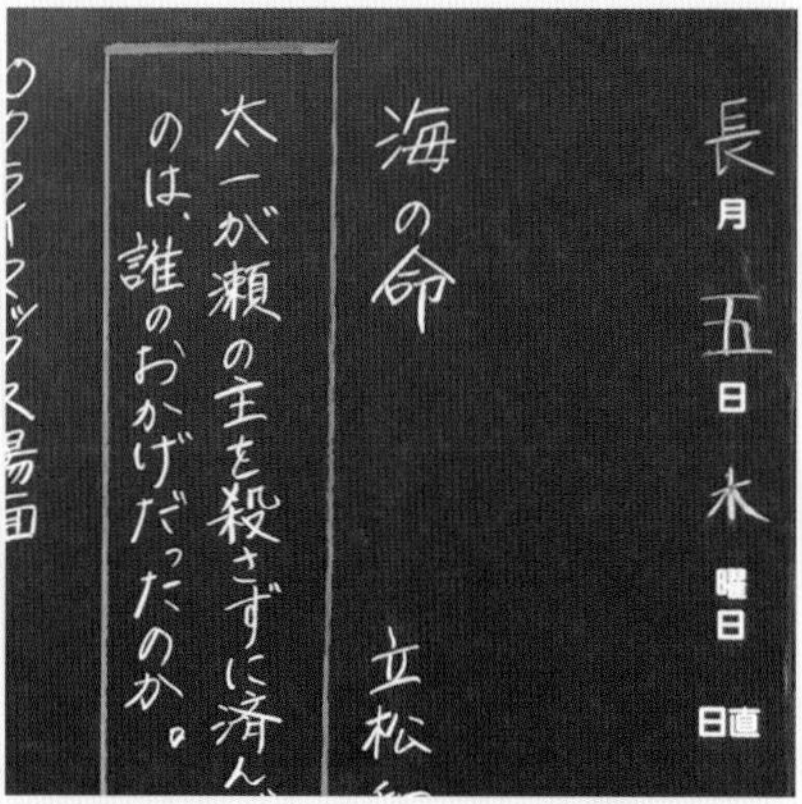

「〇月」の部分は、旧暦で書きましょう。「一月〜十二月」は誰でも知っていること。「睦月〜師走」にすることで、毎日子どもたちは目にすることになり、学びも深まります。ちょっとした工夫が大切です。

4 習っていない漢字もどんどん使う

板書では低学年でも漢字をどんどん使います。まだ習っていない漢字でも教師が音読したり、ルビを振ったりすることで、子どもたちは漢字への興味をもってくれます。板書を漢字の読み慣れの場として活用しましょう。

マグネットネーム(ナンバー)シート 5

子どもたちの考えを可視化できる必需品。ネームマグネットは両面マグネットを使用すると効果的。最初は白で貼り、考えが変わった人は裏返して赤にすると変容も一目ではっきり！100円ショップでも手に入ります。ネームマグネットの他にも、ナンバーマグネットも用意すると大活躍。

6 「吹き出し」を活用

教科書の言葉と子どもたちの言葉を板書に区別して書く時の工夫。吹き出しを使って書かれた言葉は、「子どもたちの解釈」といった具合にあらかじめ自分の中で決まりをつくっておくと板書が整理されます。

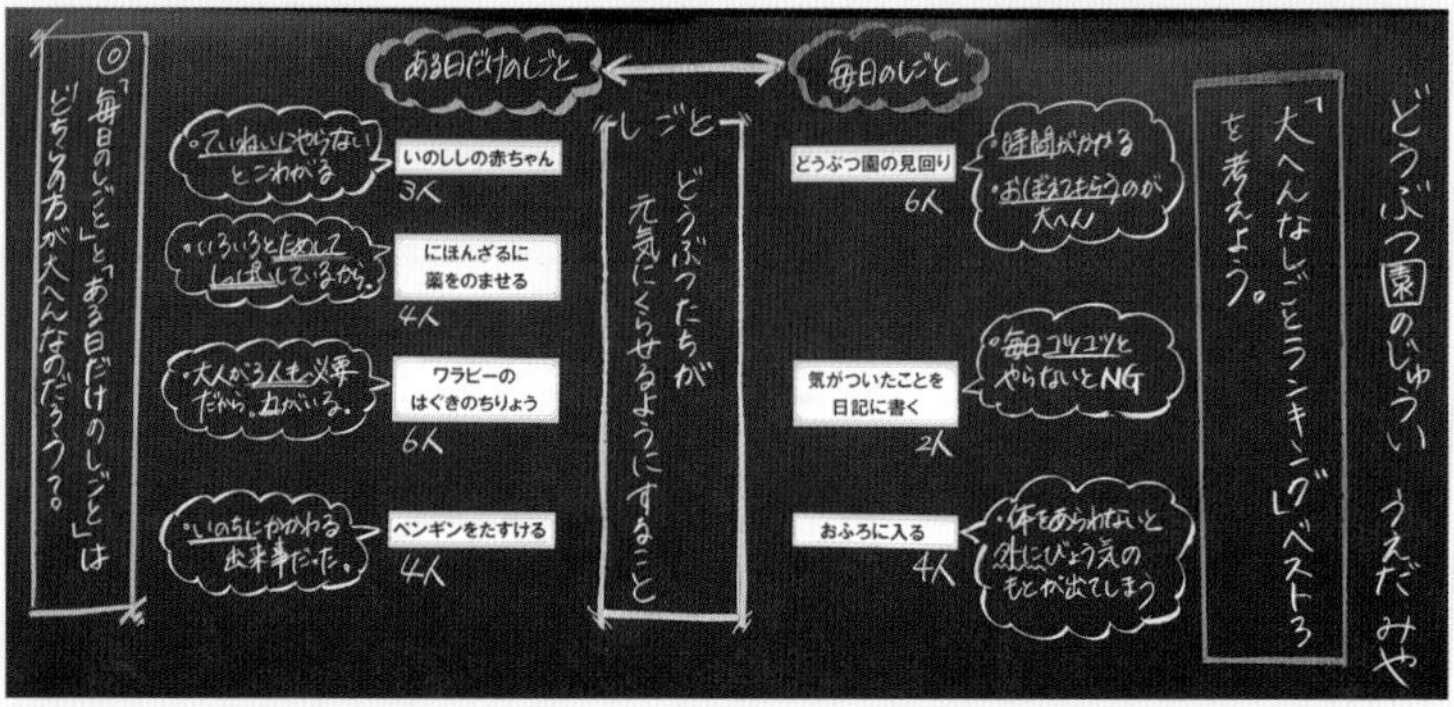

7 「Which型課題」との相性が抜群!

「立体型板書」は「Which 型課題」との相性が抜群なので、ぜひ『「Which 型課題」の国語授業』も合わせてご覧ください。

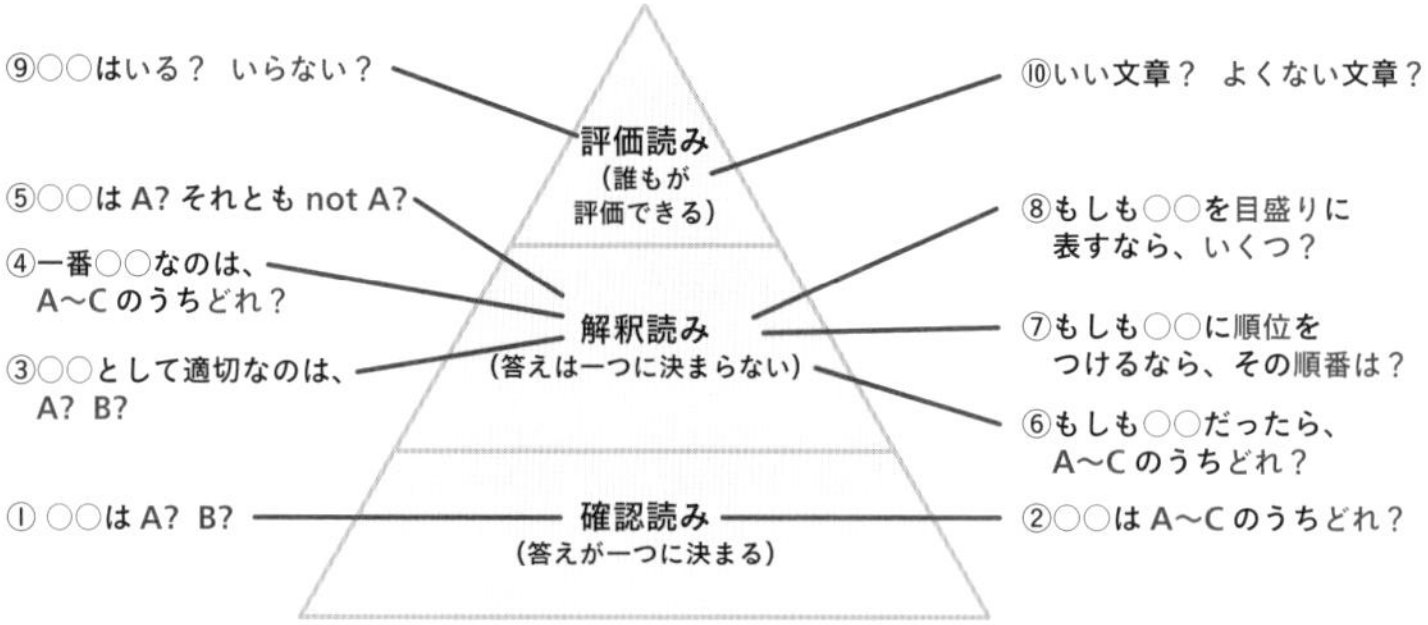

【読む力のレベル】

〔出典〕桂聖編(2018)『「Which 型課題」の国語授業』東洋館出版社

従来の「羅列型板書」から、未来志向の「立体型板書」へ

筑波大学附属小学校
桂　聖

「子どもの発表」を「平板に羅列的に板書する」だけでは、子どもの思考は活性化されません。「子どもの言葉」を聞き取って、それを「板書で立体的に論理を整理整頓する」ことで、子どもの新たな発見や思考を促します。「立体型板書」とは、「論理的思考ツール」を活用して、「論理的に読む力」を育てる板書。「立体型板書」によって、資質・能力ベースの「未来志向の国語授業」をつくりませんか。

２０１８年2月、沼田拓弥先生の国語授業を初めて参観しました。４年生の物語文の授業。どの子も一生懸命に取り組んでいました。ほとんどの子が発言しました。もちろん板書も秀逸。まるで絵画を見ているかのようでした。多くの教師は、素敵な授業だったと観るでしょう。私も同感です。

ただし、たった一つ、気になったことがありました。それは、「子どもの言葉を板書すること」です。沼田先生は、時々、子どもの発表を言い換えて板書していました。「えっ、子どもは、そうは言ってないでしょ？」と、私は何度も思いました。つまり、「子どもが発する生の言葉」を生かす板書としては不十分だったというわけです。

月日が経ち、同年12月に、東京・国語教育探究の会の大会で、沼田先生による5年生の公開授業を再び観る機会がありました。彼は、子どもの学びの文脈に寄り添い、「子どもの言葉」を生かして板書をしていました。あの初めての授業参観以来、沼田先生は、ずっと「子どもの言葉」を生かす板書にこだわってきたようです。彼の成長ぶりに目を見張りました。

今回、国語授業イノベーションシリーズの1冊として、本書を企画するに当たって、沼田先生には、こうお願い

しました。「立体型板書10のバリエーションを示すだけでは弱い。板書の構造には、必ず論理がある。論理的思考力が育つための板書として、これまでの授業実践や板書を分類・整理してみて」

こうした沼田先生の不断の努力と高い志の結果で生まれたのが本書です。次の三つの特徴があります。

- 「論理的な読み方」をふまえて、「立体型板書10のバリエーション」に整理したこと
- 「立体型板書10のバリエーション」を支える「論理的思考力」を整理したこと
- 「Ｗｈｉｃｈ型課題」（左記参照）の授業展開とともに、カラーで板書を具体的に示したこと

沼田先生は「周りにはすごい人がたくさんいる。自分は才能がないから、人並み以上の努力をしなくてはいけない」と、よく言います（実は、私も自分には才能がないと思っています）。でも、本書を見れば、神業と思えるような板書ばかり。沼田先生は、間違いなく「令和の板書名人」です。いきなりは無理だと思いますが、沼田先生の「立体型板書」の具体例に学んで、私も少しでも実践していきたいと思います。

「板書が変われば、授業が変わる。授業が変われば、子どもが変わる。子どもが変われば、教室や学校が変わる」。あなたも「立体型板書」に挑戦してみませんか。未来志向の国語授業をつくりましょう。日本各地の教室で「立体型板書」の国語授業が実践されていくことで、「国語が楽しい！」「なるほど、そうか！」「学び合えてよかった！」という「子どもたちの声」が増えていくと信じています。

※本書は「国語授業イノベーション」シリーズの第２号です。拙編著『「Ｗｈｉｃｈ型課題」の国語授業』を原点（ゼロ号）として、一人一人の実践者・研究者が「日本の教育を変える」という精神をもって、国語授業の改革に挑みます。今後のシリーズ本も、どうぞご期待ください。

まえがき

授業への「こだわり」

誰しも「ここだけは譲れない」という授業に対する熱い想いを、一つは抱いているのではないでしょうか。私の場合、そのこだわりが「板書」です。

これまで私は、多くの実践報告やセミナーの機会をいただく中で、子どもたちの様子（授業中の発言や成果物）だけではなく、実際の「授業の板書」を提示しながら発表を重ねてきました。すると、発表後に多くの先生方から「先生の板書の写真をいただけませんか?」「こんな板書なら、きっと子どもたちも授業がおもしろいんだろうな」「板書に感動しました」等の温かい言葉をたくさんいただきました。このような先生方と出会わせていただくにつれ、「国語科の授業における板書は、今後、改善の余地があるかもしれない」と感じていました。そして、毎回、これだけ反響がある板書を多くの現場の先生方に分かりやすい形で広めることができたら、先生方や未来の宝である子どもたちの役に立てるかもしれないと思い、今までの授業実践を整理し、「立体型板書」10のバリエーションを提案させていただくこととなりました。

私の「板書」へのこだわりの原点は、大学時代にまでさかのぼります。私の恩師である故・長崎伸仁先生は生前、ご自身の授業実践について、以下のような形で板書を「立体的な板書」として九つに類型化されました。

①類別型板書　②対比型板書　③循環型板書　④包摂型板書　⑤問答型板書
⑥穴埋め型板書　⑦移動型板書　⑧スケーリング型板書　⑨割合型（円グラフ等）板書

私は、これらの恩師の考えをベースに自分なりに教材研究を重ね、これまでの十年間、授業実践を積み重ねてきました。そして、今回、私が提案する「立体型板書」は、三つの論理的思考力と板書を結び付けることで、子どもたちの思考力をさらに活性化させるものです。

第一章では、これまでの国語科授業における板書の問題点を明らかにし、私の理想とする板書の在り方や機能を整理しました。そして、めざすべき子どもたちの姿とともに、板書を10のバリエーションに分類し、それぞれの特長と授業展開のポイントをまとめています。

また、第二章では、第一章で提案した10のバリエーションに沿って、具体的な授業実践を紹介しています。読者の皆様が授業実践を行うにあたり、単元の中で一時間だけでも参考にしていただけるよう、幅広く教材を取り扱いました。参考にしていただけたら幸いです。

板書の工夫は、子どもたちの「言葉の力」を大きく成長させます。「立体型板書」を活用することで、あなたも子どもたちの「言葉の力」をたくさん引き出してみませんか？

沼田拓弥

もくじ

■「立体型板書」の国語授業 10のバリエーション

第2章

「立体型板書」実践編

第1章

「立体型板書」で思考のプロセスを学ぶ

1 子どもの思考がフル回転！「立体型板書」が国語の授業を変える！

(1) 国語の授業が待ち遠しいと感じる子どもたち

「今日は先生、どんな板書にするのかな？」

こんな子どもたちのつぶやきで国語の授業を始めてみたくはありませんか。説明文や物語の読みの授業は、子どもたちの言葉の力を伸ばす大きなチャンスです。毎時間の学習課題（「どんな発問にしようかな？」）はもちろん、学習活動（「どんな話合いをさせようかな？」）や学習形態（「個人？　ペア？グループ？」）などをじっくりと考えながら教材研究に取り組まれている先生方はたくさんいらっしゃると思います。しかし、意外とないがしろにされがちなのが「板書」ではないでしょうか。

皆さんは、板書づくりにどれくらいの時間と労力をかけていますか？

私の恩師である故・長崎伸仁先生は常日頃、「授業計画は、板書づくりがいちばん時間がかかる」とおっしゃっていました。私も同感です。板書には、授業の導入から終末までの「しかけ」や「仕組み」が凝縮されています。子どもたちがどのような発言をするかは、授業をやってみるまで分かりません。しかし、それらの発言を事前に予想し、黒板の中にどのように位置付けていくのかを考えておくことはとても重要です。

板書は子どもたちが、ただノートに書き写すだけの場ではありません。**思考を①整理し、②つなげ、③新たな発見（気付き）を生み出す場**です。この思考の働きは、私が重視している三つの論理的思考力**「比較・分類」「関連付け」「類推」**と重なります。後程、具体的に述べますが、この三つを意識して毎時間の板書を考えると、子どもたちとの国語の授業がぐっとおもしろくなります。さらに、国語科における読みの力を着実に身に付けさせることもできます。

また、板書は、**教師と子どもたちが考えを共有することのできる大切な場**でもあります。授業では、話し言葉として表現される子どもたちの発言は、残念ながら、どうしても消えていってしまいます。しかし、その言葉を板書を用いて可視化してあげることで、子どもたちは「今、自分がどの位置に立っているのか」という全体における自分の立ち位置を明確にすることができます。つまり、子どもたちの発言を**「消えていく言葉」から「残る言葉」へと転換させること**で、より自己を意識した学びが可能になるのです。

本書では、私が重視している**「比較・分類」「関連付け」「類推」の「三つの論理的思考力」**と結び付けた10の「立体型板書」を提案します。

1 類別型	6 人物相関図型
2 対比型	7 スケーリング型
3 ベン図型	8 移動型
4 構造埋め込み型	9 穴埋め型
5 問答・変容型	10 循環型

「まえがき」でも述べたように、今回提案する「立体型板書」は、私の恩師である故・長崎伸仁先生が生前、ご自身の授業実践を基に九つに類型化された「立体的な板書」がベースになっています。そして、「羅列型板書」の「記録としての機能」を重視した板書から、**「立体型板書」の「論理的思考ツールとしての機能」を重視した板書へと発想を変え、10のバリエーションとして整理しました。**

「立体型板書」では、**黒板に書かれた情報が様々な形でつながります。点と点がつながり、線となる。そして、線と線がつながることで、さらに立体的な構造として「論理」が浮かび上がってくるイメージ**です。10のバリエーションの特性に合わせて、子どもたちが頭の中で学習内容を立体的な構造へと創造することができるのが「立体型板書」です。

「立体型板書」を活用すれば、子どもたちの「思考」と「意欲」が高まっていくことを実感できるはずです。

そして、国語科の「読むこと」の学びで身に付けた言葉の力は、「書くこと」「話すこと・聞くこと」の他領域はもちろん、他の教科でも役立つはずです。「言葉の力」はすべての学びのベースです。「言葉の力」は様々な方法で育むことができますが、板書もその一つであると考えます。

もう一度言います。**「立体型板書」で国語の授業は大きく変わります。子どもたちの姿が変わります。あなた（教師）が変わります。**「立体型板書」でぜひ、この実感を味わってみてください。

(2) これまでの板書の問題点

「立体型板書」と従来型の板書の違いは何か。

まずは、ここから明らかにしたいと思います。18ページの写真を見てください。

これまでの国語科の「読むこと」領域における板書を振り返ると、子どもたちの考えを発言された順に右から左へと羅列されたもの（18ページ上段の板書）をイメージする方が多いのではないでしょうか。私もこれまで多くの研究授業や研究会、書籍等で学ばせていただく機会がありましたが、その際の板書を振り返ってみると、多くの授業が先述したような**「羅列型板書」**であったと記憶しています。「羅列型板書」は、45分の授業が終わった時に、その授業でどのような子どもたちの発言が出されたのかが、一目で分かるような構造になっています。確かに、板書は授業に参加している子どもたちの考えを可視化し、整理するという大きな役目を担っています。しかし、私は「それだけ」ではもったいないと思うのです。

このいわゆる「羅列型板書」を通して、子どもたちはどのような思考を働かせているのでしょうか。教師が書いた板書をただノートに書き写すだけになってはいないでしょうか。そこに**「あっ！」という子どもたちの気付きはあるでしょうか。**

「立体型板書」は、この「思考」や「気付き」を大切にした板書です。下段の写真が同じ学習内容を「立体型板書」にしたものです。

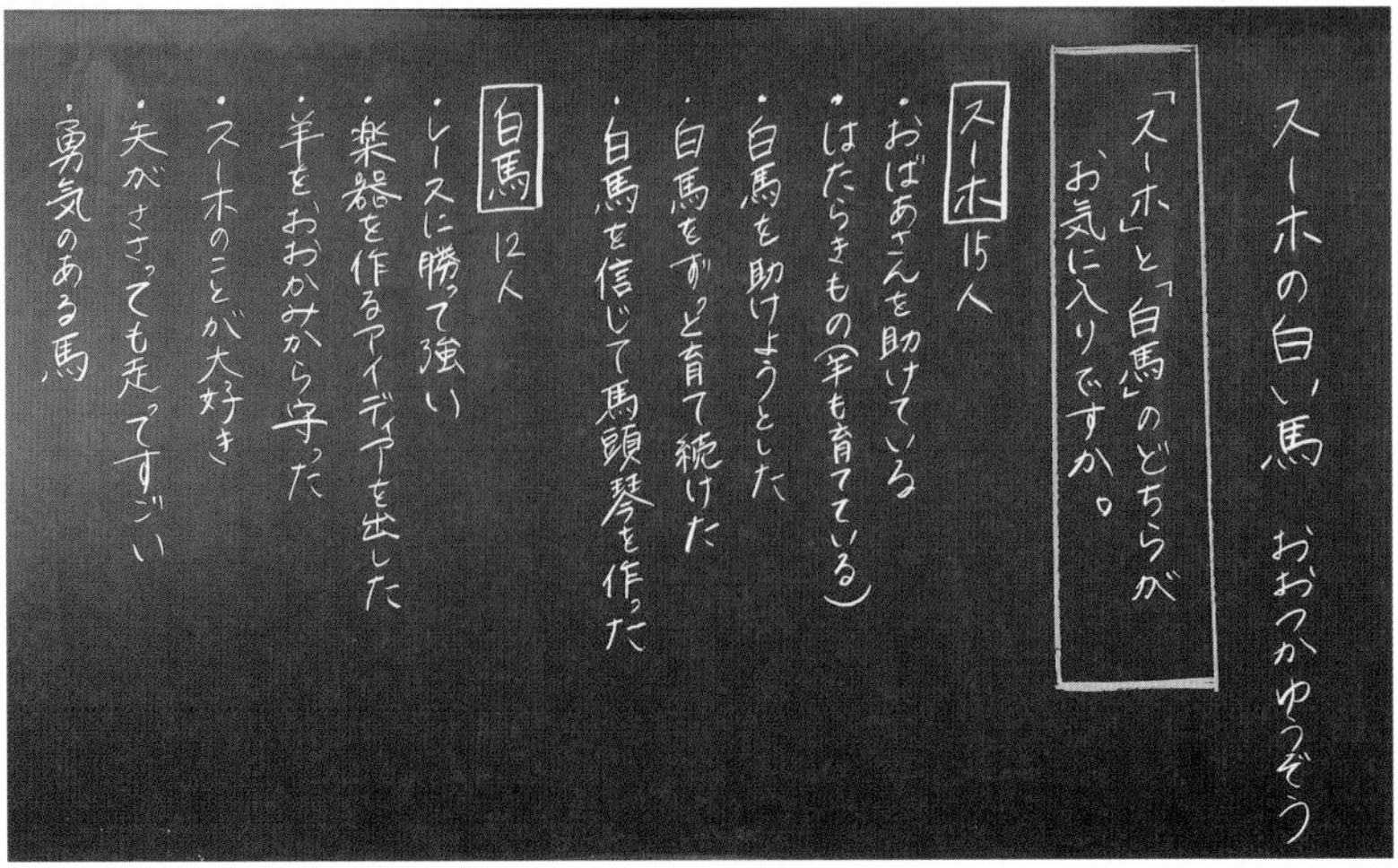
スーホの白い馬　おおつかゆうぞう
「スーホ」と「白馬」のどちらがお気に入りですか。
スーホ 15人
・おばあさんを助けている
・はたらきもの（羊も育てている）
・白馬を助けようとした
・白馬をずっと育て続けた
・白馬を信じて馬頭琴を作った
白馬 12人
・レースに勝って強い
・楽器を作るアイディアを出した
・羊をおおかみから守った
・スーホのことが大好き
・矢がささっても走ってすごい
・勇気のある馬

羅列型板書

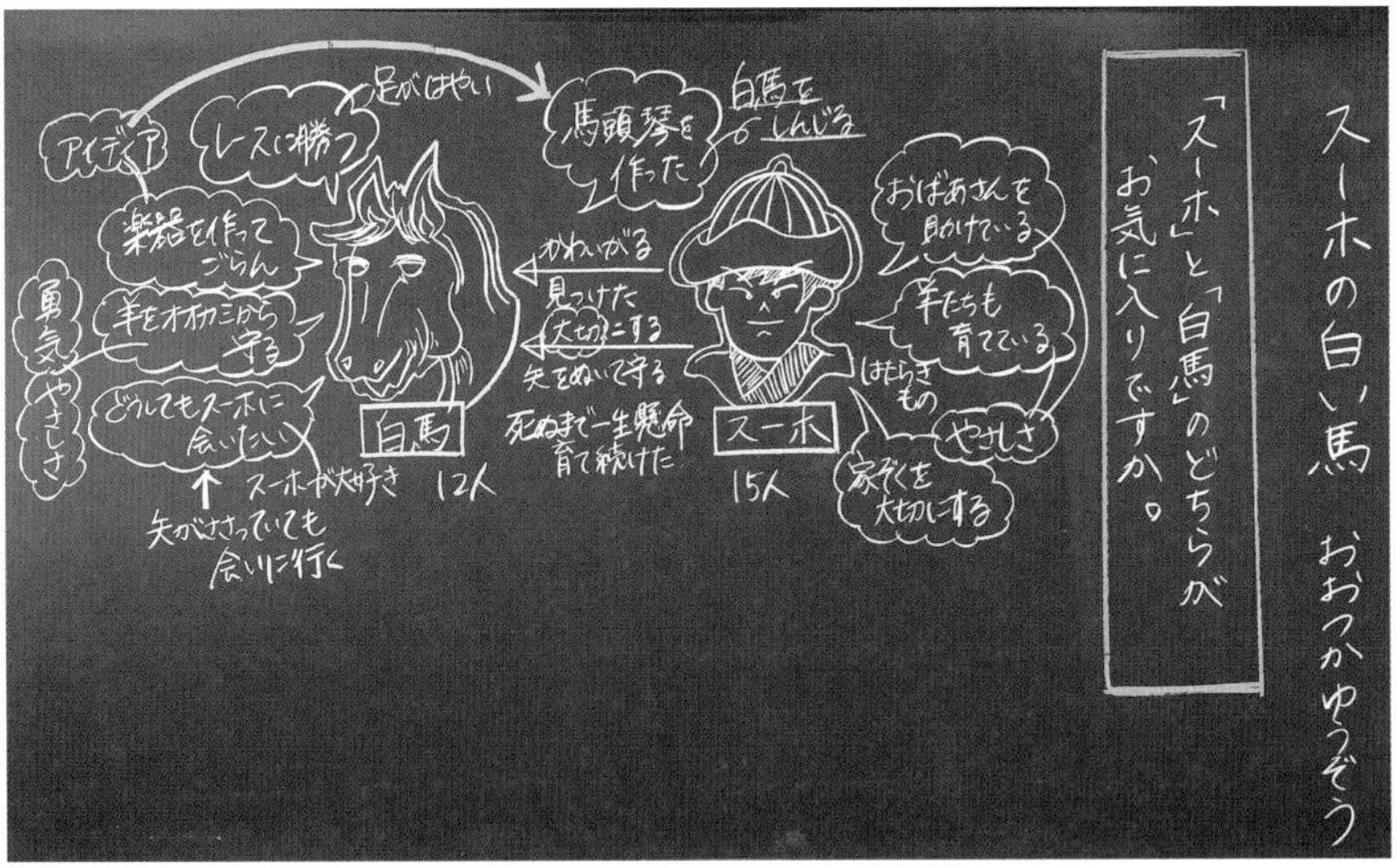
スーホの白い馬　おおつかゆうぞう
「スーホ」と「白馬」のどちらがお気に入りですか。
おばあさんを助けている
羊たちも育てている
はたらきもの
やさしさ
家ぞくを大切にする
スーホ
15人
白馬をしんじる
馬頭琴を作った
足がはやい
レースに勝つ
アイディア
楽器を作ってごらん
羊をオオカミから守る
どうしてもスーホに会いたい
勇気
やさしさ
白馬
12人
スーホが大好き
矢がささっていても会いに行く
かわいがる
見つけた
大切にする
矢をぬいて守る
死ぬまで一生懸命育て続けた

立体型板書

二つの板書を見比べてください。学習課題は同じでも、羅列型板書と立体型板書では、**「思考のつながり」の見え方が大きく違う**のが分かると思います。

私が先程、「もったいない」と言った理由がこれでお分かりいただけたでしょうか。「学習課題」「子どもたちの発言内容」は同じでも、板書が変わるだけで、授業の結末は大きく変わってしまうのです。ただ考えが羅列されただけでは、引き出すことが難しい子どもたちの姿を「立体型板書」によって、見ることができるようになります。前のめりになって授業に生き生きと参加する子どもたちの姿を想像してみてください。板書はたくさんの可能性を秘めている、とっておきの学びのツールです。「板書が変われば、子どもが変わる」といっても過言ではありません。

(3) 「羅列型板書」から「立体型板書」へ

さて、ここからは先述した「羅列型板書」(子どもたちの発言が右から左へと順番に書き残されただけの板書)と「立体型板書」(子どもたちの思考の①整理、②つながり、③気付きを生み出す板書)を比較しながら話を進めます。

誤解のないように述べておきますが、私は羅列型板書を完全に否定しているわけではありません。羅列型板書は、思考の整理という点では一定の効果はあるかもしれません。しかし、この思考はレベルとしては低次のものです。

例えば、先程の「スーホの白い馬」(光村図書2年)の羅列型板書をノートに書き写す子どもたちの姿を思い浮かべてみてください。子どもたちは必死になって板書をノートに写します。しかし、そこに子どもたちの活発な思考は伴っているのでしょうか。答えは、NOです。おそらくこの授業の後、1週間ほどして「この間の国語の授業で、どんなことをノートに書いたか覚えている？」と尋ねても、多くの子どもたちの記憶には残っていないのではないでしょうか。つまり、インパクトがないのです。頭をフル回転させることなく、ただ機械的に写された板書ノートほど意味のないものはありません。むしろ、私は、「読むこと」の領域においては、**板書ノートは強制する必要はない**とさえ考えています。もちろん板書をノートに書き写したい子はかまいません。しかし、**書き写すことに夢中になりすぎて、思考がストップしていては意味がありません**。

一方、「立体型板書」においては板書ができあがっていく「プロセス」の中に、子どもたちの思考を働かせるための工夫が散りばめられています。したがって、「立体型板書」を実際に活用するには、完成形を知るだけでなく、**完成に至る「プロセス」も知ることが非常に重要**です。そのため、本書では、10のバリエーションの説明の部分において動画で板書ができあがっていく過程が見られるようにしています。

「立体型板書」ができあがる「プロセス」の中で子どもたちは、様々な思考を働かせます。これは私の授業経験からの実感ですが、たとえノートを写すことなく手がストップしていても、思考を働かせながら授業に向かっていれば、板書の映像は強烈なインパクトとして、授業後、頭の中に残ります。その場合、子どもたちは次の時間になっても、前時の板書を「確か、あそこに〇〇が書いてあって、矢印で左の方にある△△とつながっていました」という具合に授業を再現することができます。高学年になれば、「書き写しながら思考する」という高度な技術を駆使できる子も多いです。それは、思考を重ねるにつれて、これらの思考のプロセスを「記憶」だけでなく「記録」としても残しておきたいと思う子が増えてきている証だと考えます。

つまり、**「書かされる板書」ではなく「書き写したい板書」へと自然と変化していく**のです。そして、「立体型板書」を書き写しながら、自分の思考のメモを残し、その気付きを発言する子が出てきます。その時の子どもの頭はフル回転の状況になります。

「立体型板書」の授業を通して、このように思考をフル回転させた子どもは、授業が終わった時に、板書から思考のつながりや深まりの様子が浮かび上がってくる感覚になります。まずは、少し意識を変えて、「羅列型板書」のみの授業からの脱却をめざしましょう。

2 「三つの論理的思考力」を育てる板書を創る

本書では、「立体型板書」を次の10のバリエーションに整理しています。

1 類別型
2 対比型
3 ベン図型
4 構造埋め込み型
5 問答・変容型
6 人物相関図型
7 スケーリング型
8 移動型
9 穴埋め型
10 循環型

これらの板書がそれぞれどのような機能をもっているのかは、この後、詳細に記述しますので、ここでは、これらの「立体型板書」が育てる子どもたちの力を三つの「論理的思考力」の観点から説明します。

(1)「比較・分類」「関連付け」「類推」の「三つの論理的思考力」を育てる

私が、ここまで述べてきた「立体型板書」は、子どもたちの論理的思考力を育てることにつながると考えています。今回、紹介する「立体型板書」の10のバリエーションを論理的思考力の育成と結び付けて考えてみると、大きく三つに分けて整理することができます。それは、**「比較・分類」「関連付け」「類推」**の三つです。また、これらはここまで述べてきた「①整理する」「②つなげる」「③気付きを生み出す」と言い換えることができます。では、具体的にどのような機能を果たすのかを考えてみましょう。

比較・分類〈整理する〉……1 類別型　2 対比型

思考は、何かと何かを「比較する」ことでより活性化します。Aという出来事を単独で考えているだけでは見えない世界も、BやCと比較することでそれぞれの共通点や相違点に気付き、思考の幅を広げることができるようになります。例えば、「夏のいいところは?」と訊かれて考えるよりも、「夏と冬の違いから分かる、夏のいいところは?」と訊かれる方がより考えの幅も広がり、思考のレベルが高まるといった具合です。この思考を子どもたちから引き出すしかけが「**1 類別型**」「**2 対比型**」の板書には組み込まれています。

「比較・分類」の思考は、子どもたちの思考を整理する働きはもちろんですが、仲間分けされた考えを、次は「具体と抽象」という観点から見つめ直すことで、言葉の学びをさらに深めることができます。「**1 類別型**」のラベリングの活動（それぞれの仲間に一言で名前を付ける）は、この学びにつながります。

関連付け〈つなげる〉……

3 ベン図型
4 構造埋め込み型
5 問答・変容型
6 人物相関図型
7 スケーリング型
8 移動型

次の段階は「関連付け」です。子どもたちの考えを比べたり、分類したりした後は、**意識的にそれぞれをつなげてみる**という思考が働くように促しましょう。「比較・分類」することで子どもたちの考えは整理されるのと同時に、大きく拡散します。**その広がりに「深まり」を出すのが、「関連付け」の思考です**。図に表すとすれば、次ページのようなイメージです。

この「つながり」を見つけると子どもたちの思考は急速に加速します。

「あっ！」というつぶやきが聞こえたら、子どもたちがこのレベルに足を踏み入れた合図です。

子どもたちの思考を何と「つなげる」のか。板書の中には、**「対になる考え」「文章構造」「問いと答え」「登場人物の最初と最後」「人物関係」「他者の考え」「事柄や時間の順序」**といった「つながり」の要素が数多く存在しています。授業において身に付けさせたい「読みの力」に応じて、これらを関連付けることで、思考もより活性化されるのです。「なぜAとBがつながるのか」を言葉で表現することは、「比較・分類」で踏み出した論理的な思考を高めるための大きなチャンスと捉えましょう。

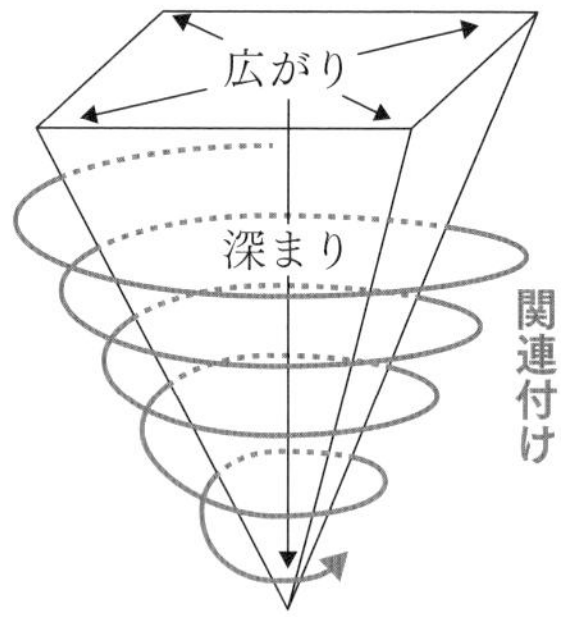

類推〈気付きを生み出す〉……9 穴埋め型 10 循環型

そして、最後は**最も高次の論理的思考力である「類推」**です。板書に可視化された内容から、**新たなものを「生み出す」ということ**です。

それぞれの考えを整理しながら、行間や筆者（作者）の意図等、文章には書かれていない読みの世界を論理的に思考できる力を育みます。つまり、文章の世界を広げ、新たな読みを創造するということです。板書は、子どもたちの言葉を可視化するからこそ、「あれ？」という気付きを生み出しやすいのです。

例えば、「**9 穴埋め型**」では、教師が意図的に**「板書に空所をつくる」**といったしかけを入れることで、この気付きが生まれます。「**10 循環型**」では、**「板書の循環図が一周した先には、何か新しいものが生み出されはしないだろうか」**と思考を働かせることで新たな発見が生まれます。

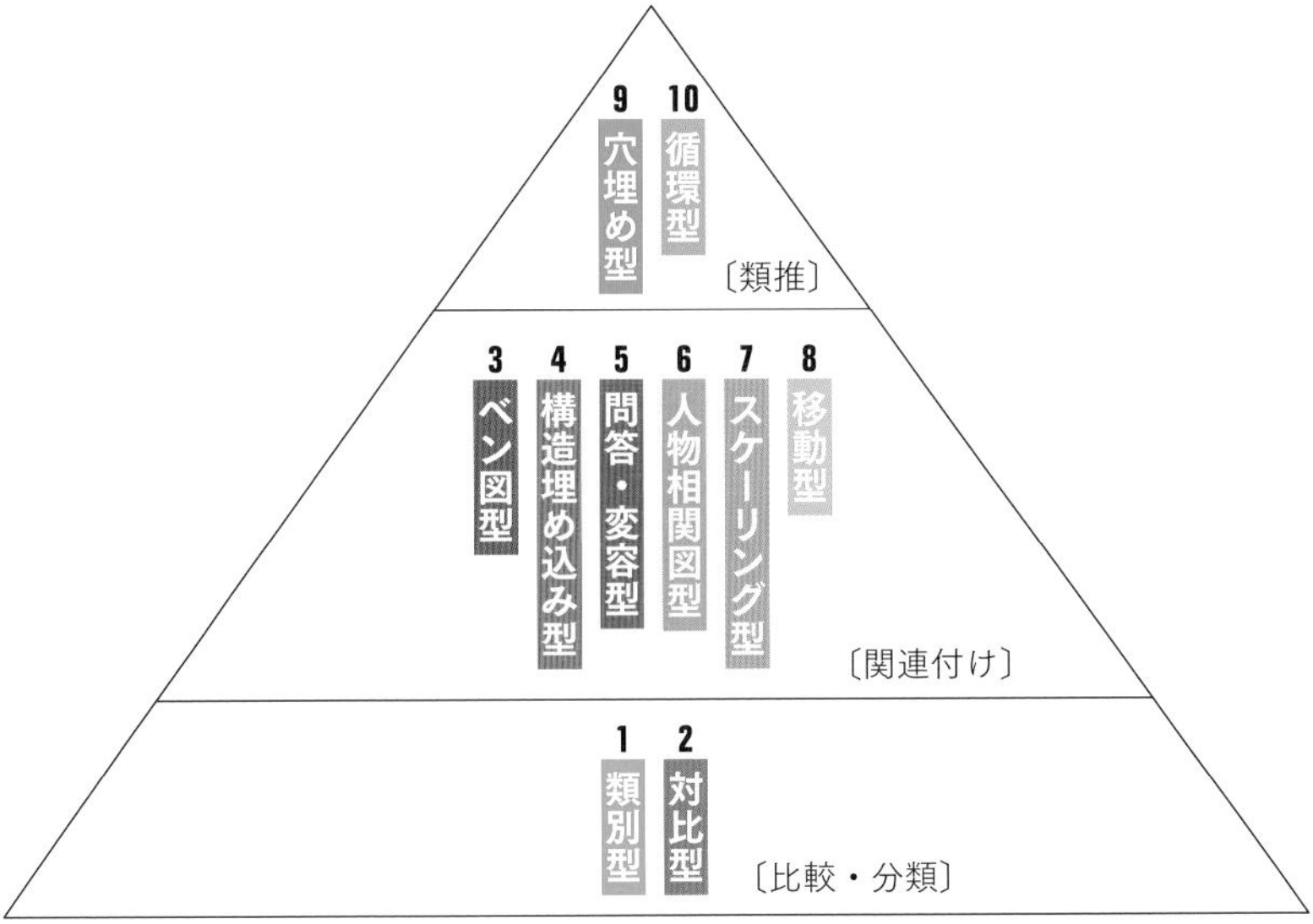
9 穴埋め型
10 循環型
〔類推〕
3 ベン図型
4 構造埋め込み型
5 問答・変容型
6 人物相関図型
7 スケーリング型
8 移動型
〔関連付け〕
1 類別型
2 対比型
〔比較・分類〕

三つの論理的思考力における分類

このように、子どもたちの発言の中から、この論理的思考が感じられた時にはきっと授業者であるあなたの背中がビリビリとしびれるはずです。私もこれまで何度かこのような経験をしたことがあります。子どもの思考が教師の思考を超えてくる時さえあります。そのような意味でも、「類推」は最も刺激的で高次の論理的思考力と言えるのではないでしょうか。

ここまで述べてきた「三つの論理的思考力」はピラミッドにして上のように表すことができます。この後、紹介する「10のバリエーション」が主にどの論理的思考力を育むことにつながるのかも一緒に示しますので、バリエーションを使って板書を考える際には、ぜひ意識して活用してください。

3 「立体型板書」でめざす子どもたちの姿

(1) 「何のため」「誰のため」の板書か

ここからは、私自身の具体的な授業エピソードも含め、**「立体型板書」でめざす具体的な子どもたちの姿**を明らかにしておきたいと思います。

まず、ここでしっかりと確認しておきたいことは、今回提案する**「立体型板書・10のバリエーション」を使うことが「目的」ではありません。あくまでも、これは「手段」です。**冒頭でも述べましたが、「子どもたちの言葉の力をしっかりと伸ばすこと」「国語科における資質・能力をしっかりと身に付けさせること」が「目的」です。もっと大きな視野で言えば、国語科の授業を通した子どもたちの「人間的な成長」を願っています。そのための学びのツールの一つが「立体型板書」です。

そのため、板書は**「子どもたちの言葉」で創ること**を強く意識しています。これは私自身が常に自分に言い聞かせている言葉でもあります。実はお恥ずかしいことに、以前、私は、無意識に子どもたちの発言を自分の言葉に言い換えて板書を行っていました。ほんのちょっとの違いかもしれませんが、実は子どもからしたら「そういうことじゃないのにな……」と感じることもあったのではないかと思います。

「今、言ったことって○○ってことだね」と教師の解釈で子どもたちの言葉を変換してしまうことは、板書の場面でよく見られます。私は校内研究の講師として筑波大学附属小学校の桂聖先生に授業を参観していただいた際に指摘され、気付くことができました。板書が「教師のため」のものになっている時、おそらく「子どもたちの言葉」は「教師の言葉」へと変換されていくのではないかと思います。

「子どもたちの言葉」で創る板書へのこだわりをもつと、**「どうすれば子どもたちの豊かな言葉」を引き出すことができるかを必死で考えなければなりません。**つまり、「子どもたちの言葉」で創る板書にこだわることは、教師の授業力を大幅に高めることにつながるのです。ぜひ皆さんも意識して、「子どもたちの言葉」で板書を創ってみてください。

一方、「教師の言葉」については、語句・語彙指導の視点から「言い添え」「書き添え」をすることで効果的に働く場合もありますので、状況を見ながら柔軟に判断してください。

(2) 「思考のプロセス」を学ぶ子どもたち

ここまで確認してきたように「立体型板書」を用いた授業は、子どもたちの「三つの論理的思考力」を育むことに大きく影響します。つまり、**「何をどのような順序で思考していけば、自分の考えを表現できるのか」という自己表現にいたるまでの「思考のプロセス」を学ぶことができる**のです。

私がこの実感を強くしたエピソードを紹介します。

第2章で実際に紹介している『初雪のふる日』（光村図書4年）を扱った授業でのことです。この時担任した4年生は年度当初より、国語の授業で多くの「立体型板書」に触れてきました。そして、3学期、物語教材の集大成の授業がこの単元の学習でした。この単元では、安房直子さんの作品（『うさぎのバレエシューズ』と『うさぎ座の夜』）を第一次と第三次で扱いました。

第二次では、様々な視点から『初雪のふる日』の解釈を重ね、読みの力を高めたわけですが、第三次では「子どもたちだけで授業を創って、実際にやってみる」という取り組みに挑戦しました。「学習課題」「学習活動」「学習の流れ」「身に付けるべき読みの力」等、すべてを子どもたちが一から考え、グループごとに45分の授業を創ります。もちろん「板書」もです。この時の子どもたちの学びの姿は実に見事でした。次ページに示した板書は実際に子どもたちが行った授業の板書です。私も子どもたちが進行する授業で板書を書くお手伝いをしました（子どもたちの語りのスピードが速く、さすがに板書に慣れていない子どもたちでは無理があったため）が、板書計画は子どもたちから受け取ったものを使い、どこに何を書くのかは子どもたちに確認しながら書きました。「子どもたちのことは、子どもたちが一番よく分かっている」と言いますが、板書計画に記された「予想される発言」はしっかりと「子どもたちの言葉」として表現され、ほとんど計画通りの仕上がりになりました。

このエピソードから分かるように、子どもたちは年間を通して「立体型板書」の授業を受けることで、**しっかりと「思考のプロセス」を実感し、獲得していた**のだと思います。だからこそ、自分たちが新たな教材に出合った時でも、このように授業を創造することができたのです。自ら学びに向かうことのできる子どもたちに育てた時、「本当の子どもたちの力が身に付いた」と言えるのではないでしょうか。

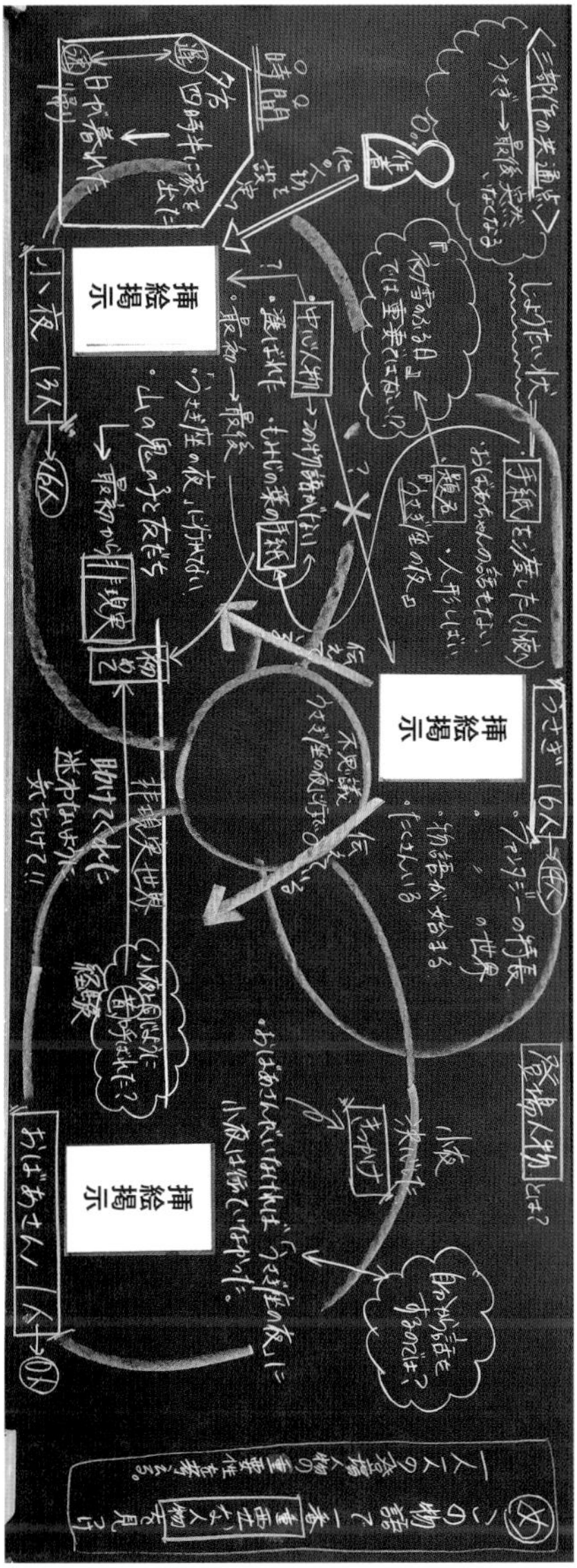

子どもたちが創った板書

単元の授業過程

（学習活動と板書バリエーション）

第一次『うさぎのバレエシューズ』

①あらすじを一文で表現する。【**4**構造埋め込み型】

第二次『初雪のふる日』

②あらすじを一文で表現する。【**4**構造埋め込み型】

③非現実の入口・出口を考える。【**2**対比型＆**4**構造埋め込み型】

④くり返し表現の効果を考える。【**4**構造埋め込み型】

⑤女の子の変容について考える。【**4**構造埋め込み型＆**5**問答・変容型】

⑥作品の主題について考える。【**6**人物相関図型】

⑦続き話について考える。【**2**対比型】

第三次『うさぎ座の夜』

⑧グループで授業案を考える。

⑨主人公の気持ちの変容について考える。【**2**対比型＆**5**問答・変容型】

⑩物語の脇役について考える。【**3**ベン図型】

次ページからは、10のバリエーションの詳細を説明します。型のモデルとなる図と実際の授業の板書をともに示し、それぞれの型のねらいや特長、授業展開の具体の様子を解説していきます。また、各型で育てたい論理的思考力についても、分かりやすくページの下部に示しています。これはもちろん、示された論理的思考力のみを育てればよいという意味ではなく、あくまでもその型で〝特に〟意識して育てたいという意味です。同じ型でも授業の展開によっては、示した論理的思考力以外も働かせることが可能ですので、ぜひ授業のねらいに沿った展開を併せて構想していただければと思います。

また、「動画でチェック」では、示した板書の具体例がどのような順序でできあがっていくのかをコマ送りの動画で確認することができます。QRコードから動画をぜひご覧ください。

では、この先は実際に具体的な板書をお見せしながら、「立体型板書・10のバリエーション」の詳細を説明したいと思います。ぜひ、子どもたちとの活気あふれる授業を想像しながらお読みください。

1 類別型

板書のねらい

子どもたちの発言を分類し、**「具体⇕抽象」の関係を思考する力**を育てる。

板書の特長

子どもたちの発言をグルーピングすることで、頭の中をすっきりさせる板書モデルです。ただ右から左に発言を羅列するだけでは、共通点や相違点は見えにくいものです。子どもたちの発言をあらかじめ予想し、カテゴリーを決めておくことで、どこからでも書き始めることができます。

授業展開のポイント

「A」「B」「C」に当たる言葉を最初から書いておく場合もありますし、具体が出揃った後に書き入れる

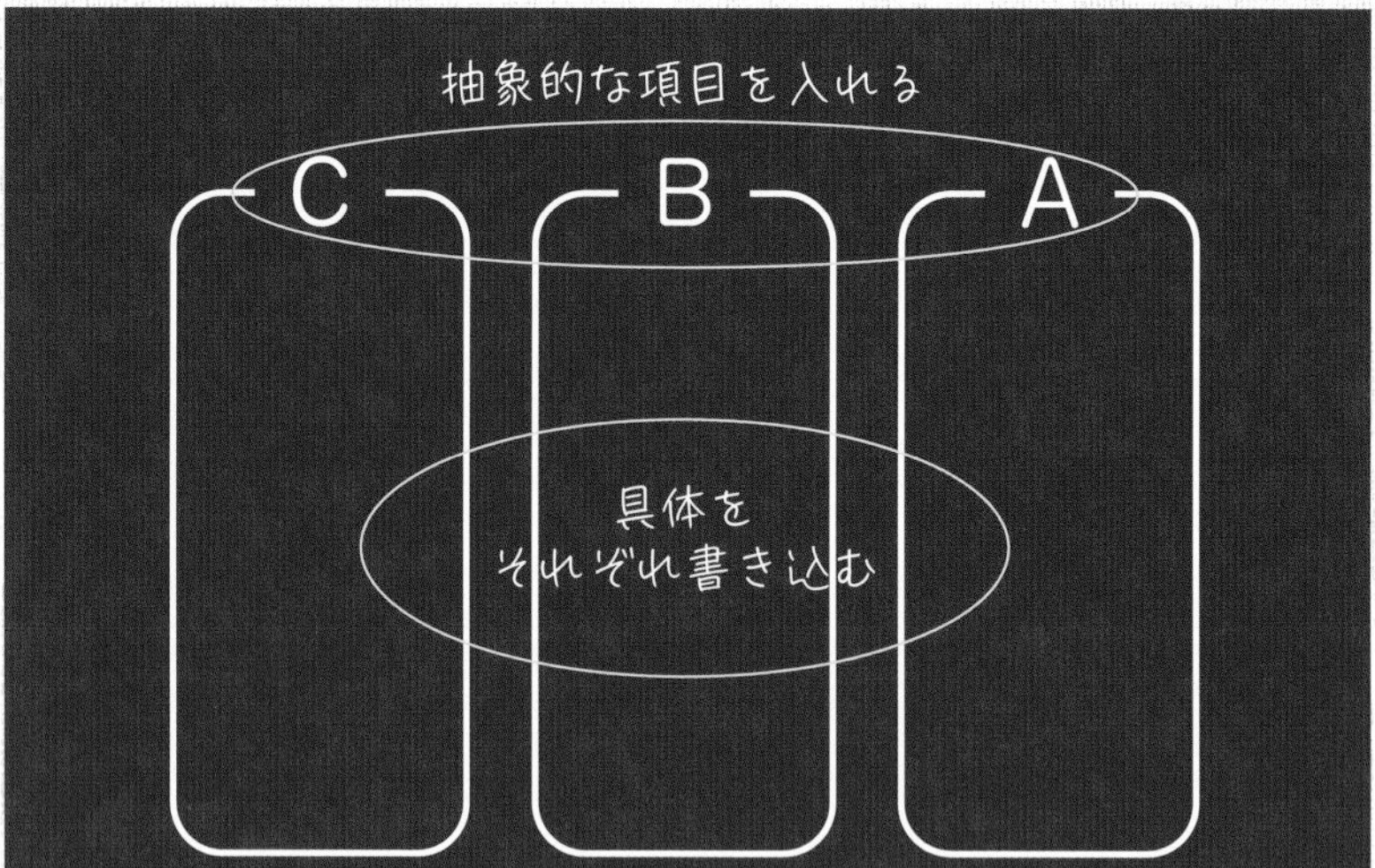

育てたい論理的思考力

比較・分類

関連付け

類推

場合もあります。後者の場合は、それぞれの発言を書き込み、ある程度意見が出揃ったところで、**「みんな、このグループってまとめると一言で何と言える？」**と問います。「A」「B」「C」に入る抽象度の高い言葉を考えさせることで「具体⇕抽象」の関係を意識できる子どもたちが育ちます。

授業の実際 うみのかくれんぼ（光村図書　1年）

下記の授業では、学習課題の「かしこさ」という視点から意見を発表させます。板書をする際には、3種類の生き物別に横軸で意見をまとめていきますが、授業後半では縦軸に注目させます。すると、三つの固まりはそれぞれ、「場所」「特長」「隠れ方」という観点でまとめられていることに気付かせることができます。類別しながら言葉の「具体⇕抽象」も学ばせていきましょう。

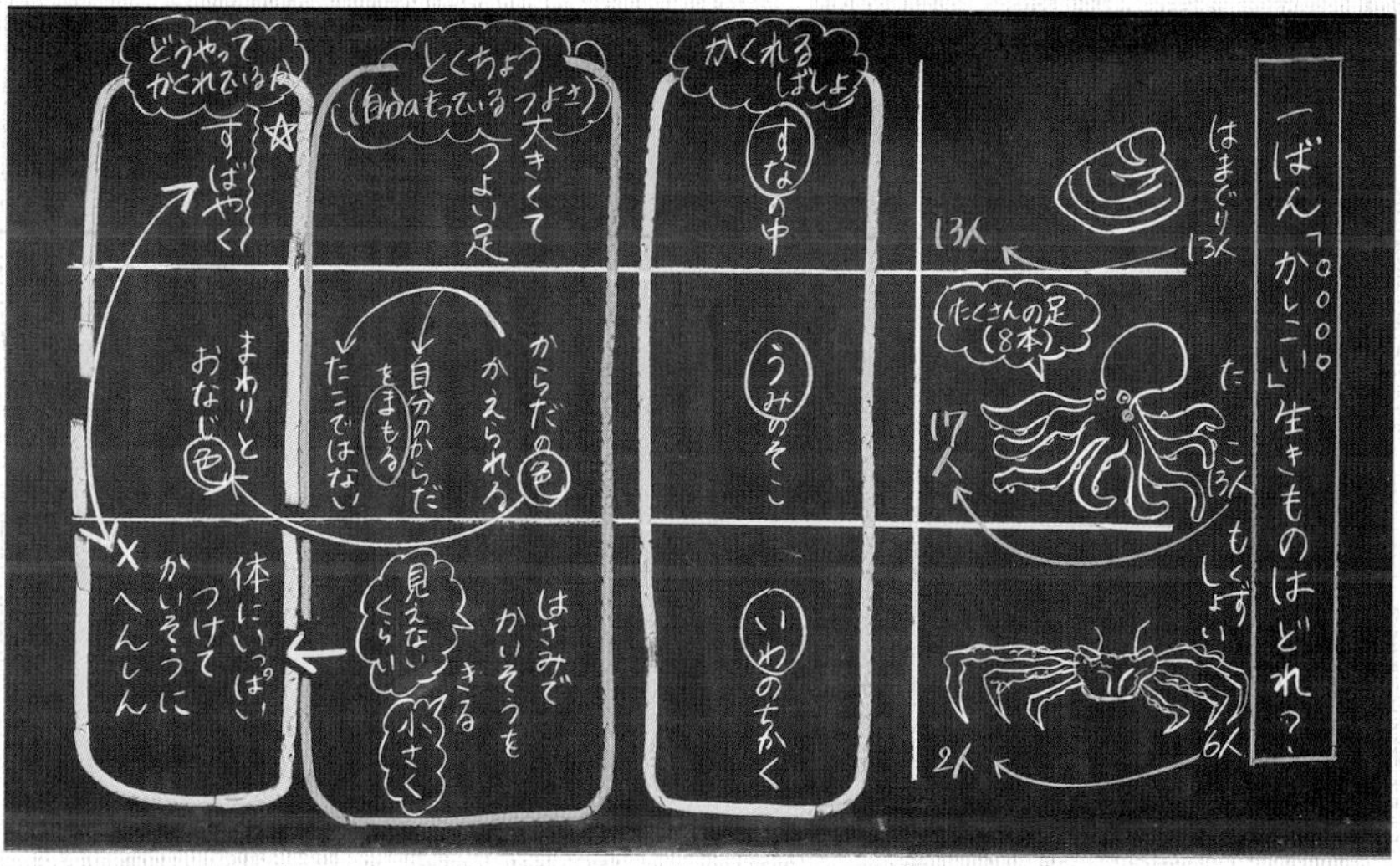

動画でチェック

2 対比型

板書のねらい

上下や左右に分けて意見や考えを比べることで、違いを明らかにし、**情報を関連付けて考える力**を育てる。

板書の特長

二つの対になる考えを上下（左右）で比べることで、情報を関連付けて考えることのできる板書モデルです。発問によっては、三つの考えを並べて比べることもできます。

授業展開のポイント

「類別型」と同じように、授業の序盤では、考えを整理することに重点を置きます。ある程度の意見が出揃うと、**「Aにはあるけれど、Bにはないもの」**が浮かび上がってくるでしょう。その気付きをきっかけに、

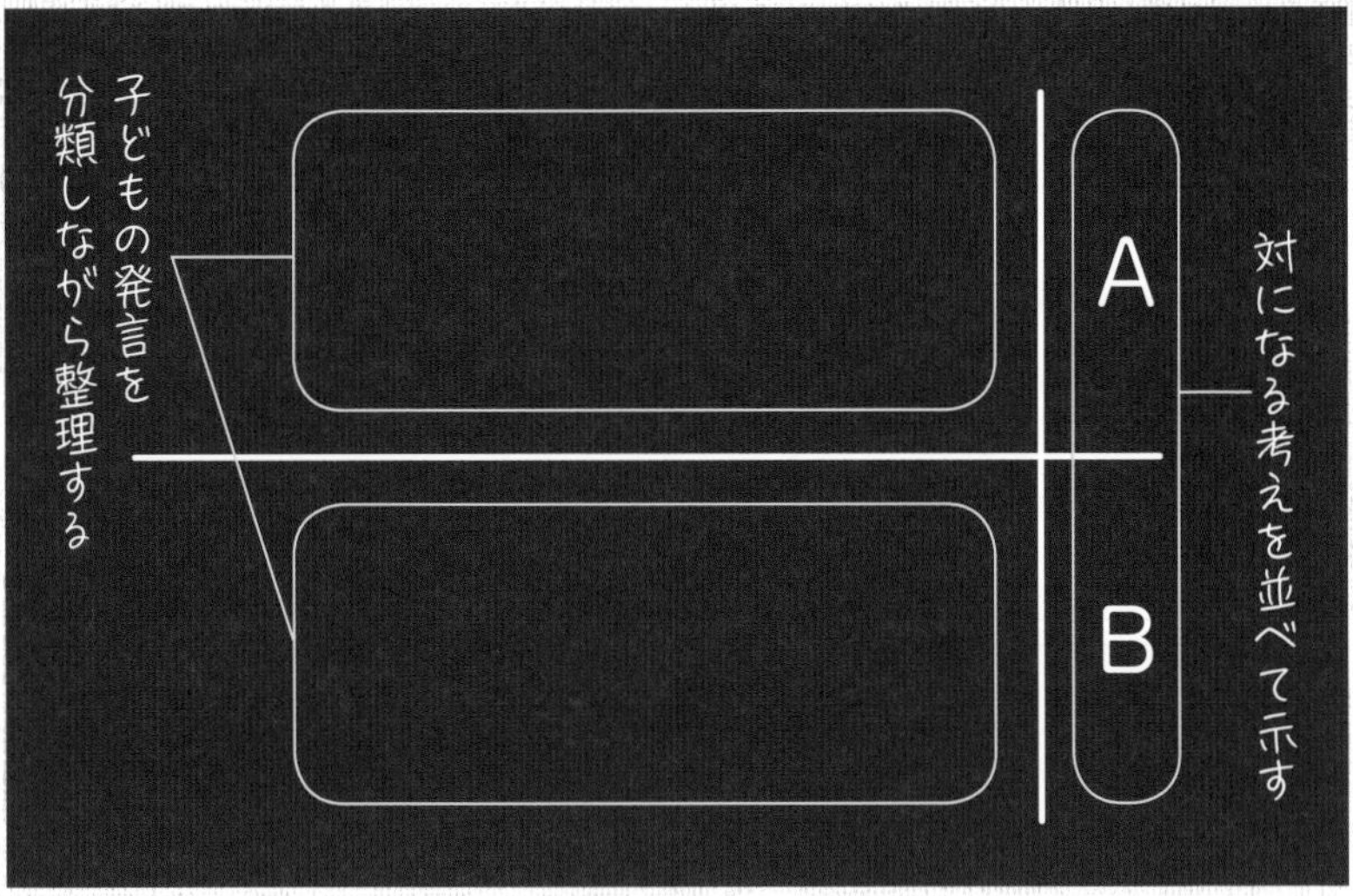
対になる考えを並べて示す
A
B
子どもの発言を分類しながら整理する

育てたい論理的思考力

比較・分類　関連付け　類推

さらに読みを深めることができます。

ポイントは、上下で観点を揃えて書くことです。また、対比させる中で教材に書かれていない部分がある場合は、あえて空所にしておくことで新たな発見を生み出します。単体で見ているだけでは気付かない部分も、比較させることで思考を深めるきっかけになります。

授業の実際 白いぼうし（光村図書　4年）

下記の授業では、「白いぼうし」が「夏」を表しているのに対し、「夏みかん」は「真夏」を表していると発言した子どもがいました。

物語の設定は、「六月のはじめ」等の記述から初夏であることが分かります。本来の題名の「白いぼうし」と対比させることで、言葉のもつイメージを明確にすることができました。

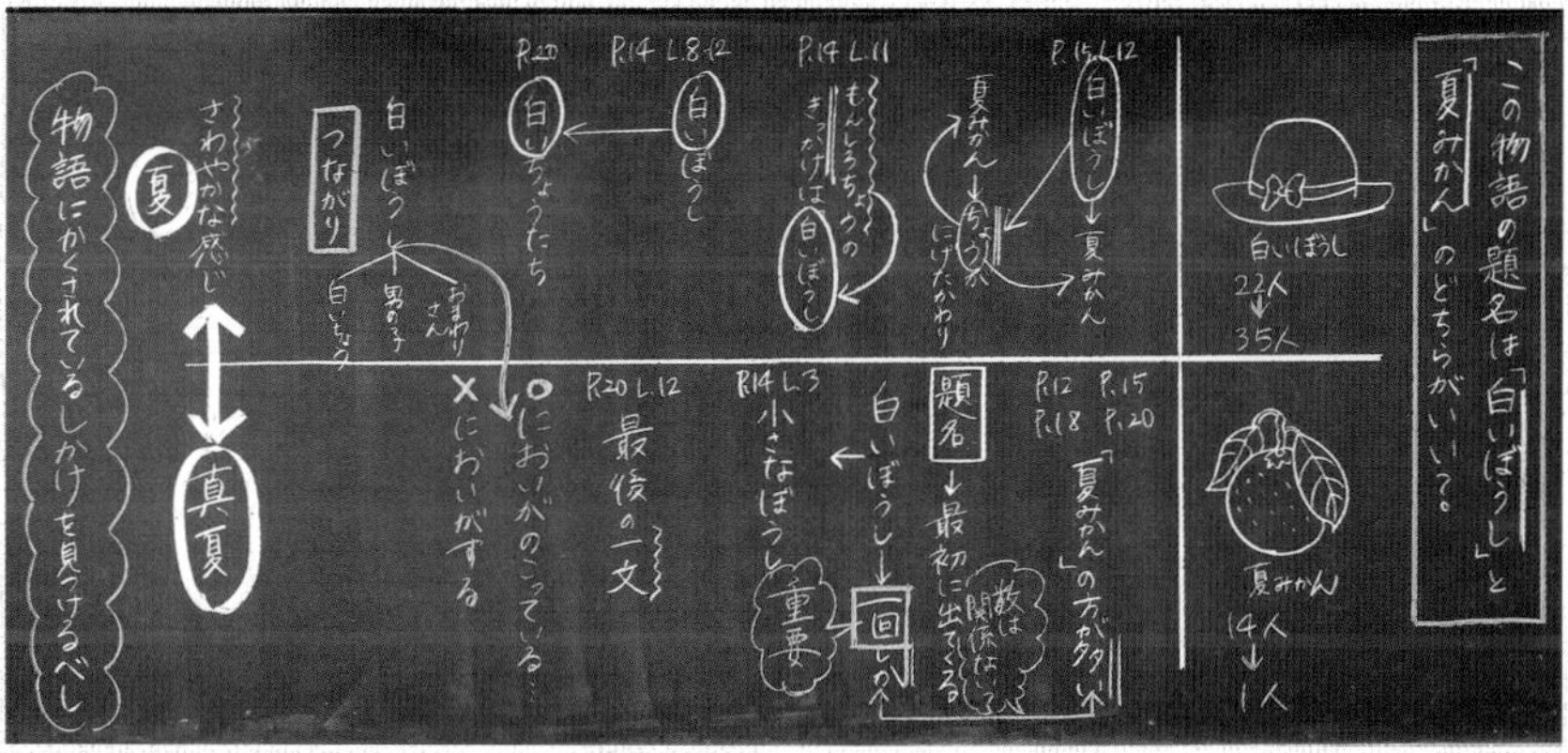

3 ベン図型

板書のねらい

二つの立場から考えを整理する中で、**相違点だけでなく共通点も見つける力**を育てる。

板書の特長

二つの考えを比較しながら、最終的には**共通点を浮かび上がらせることを目的とした板書モデル**です。一時間の授業で相違点と共通点を同時に明らかにすることができます。

授業展開のポイント

類別型板書でも紹介したように、まず、子どもたちの意見を左右に書き込みます。最後に丸い円の枠を書き込むことで、真ん中の円の重なり合う部分に注目させる授業展開が効果的です。

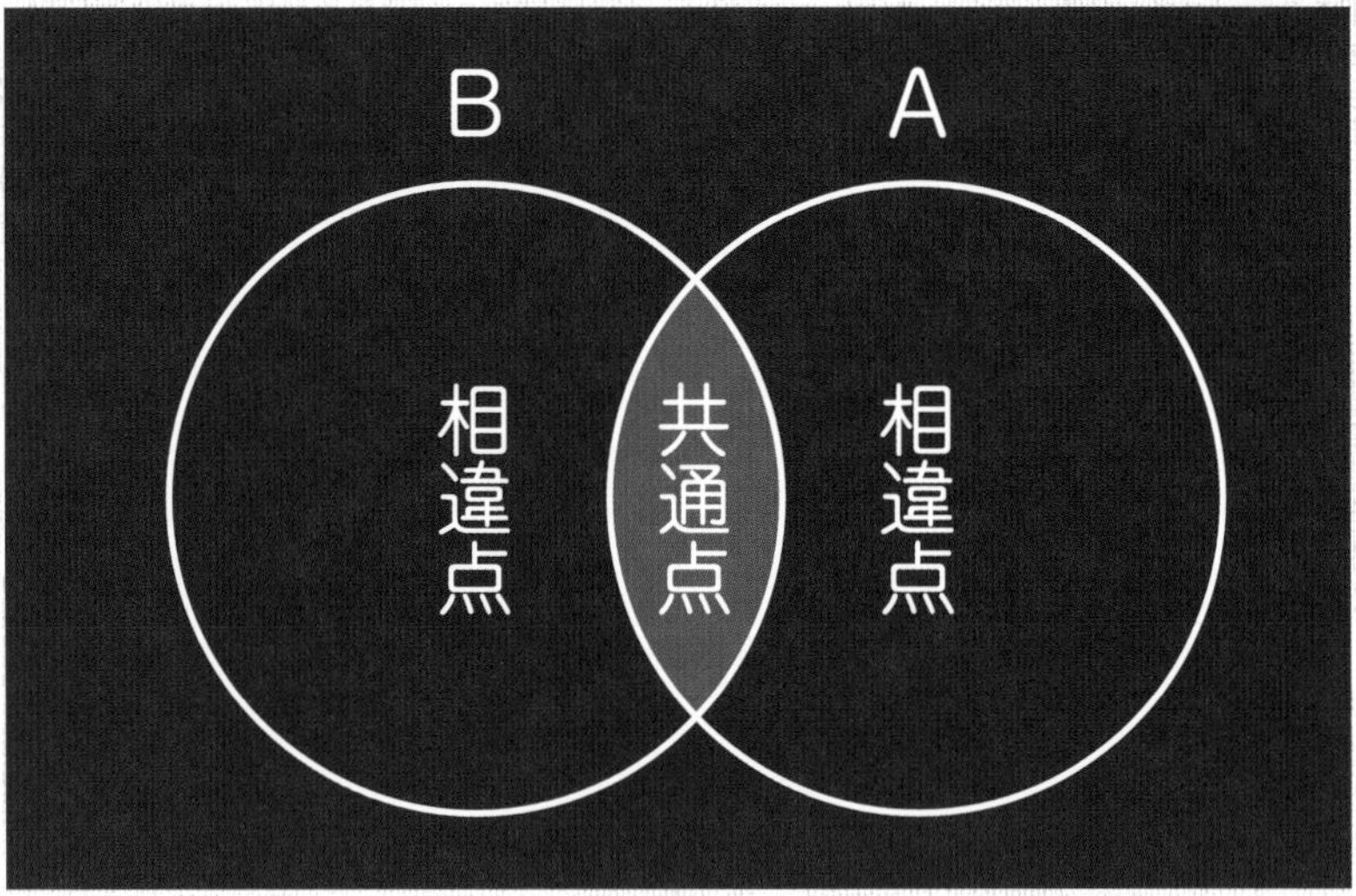

育てたい論理的思考力

比較・分類　関連付け　類推

類別型や対比型は、比較することに大きな意義がありましたが、このモデルは最終的に**共通点を考えることに思考の重点**があります。教材の特性によっては、真ん中の重なる部分が小さくなるものもあれば、大きくなるものもあります。事前の教材研究の際に十分に検討しましょう。

授業の実際 一つの花（光村図書　4年）

下記の授業では、ゆみ子の父と母が共通して使用している「一つだけ」という言葉に込められた意味を考えました。父母がゆみ子に対して、どのような思いを抱いているのかを明確にすることができました。

また、父母共に共通するゆみ子への思いを浮かび上がらせるために、円を描いた後、**「真ん中には何が入ると思う？」**と問い、二つの立場を関連付けて考えることができました。

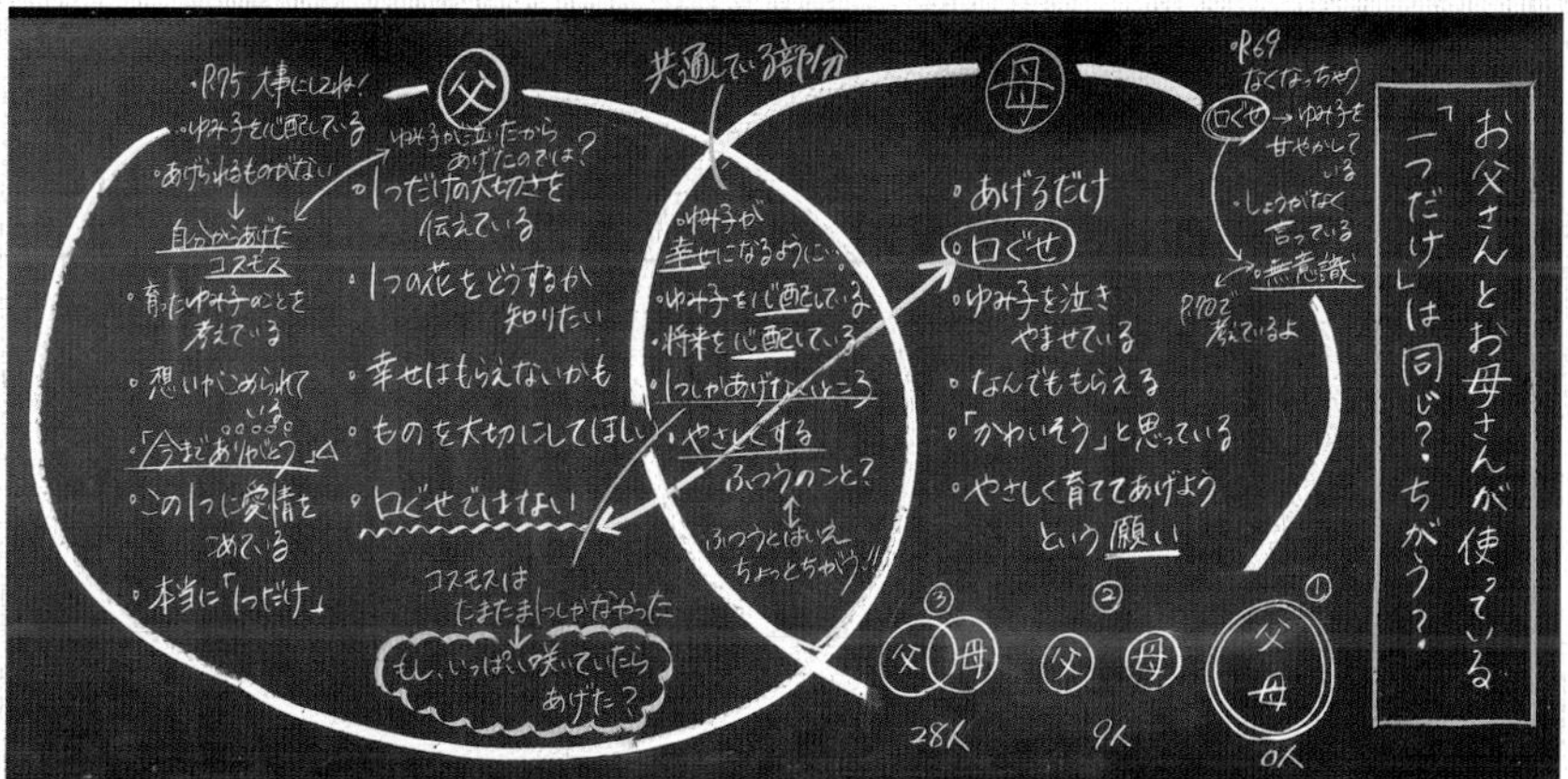

お父さんとお母さんが使っている「一つだけ」は同じ？ちがう？
父
母
共通している部分
・P75 大事にしてね！
・ゆみ子を心配している
・あげられるものがない
自分からあげたコスモス
・育ったゆみ子のことを考えている
・思いがこめられている。
・「今までありがとう」
・この1つに愛情をこめている
・本当に「1つだけ」
ゆみ子が泣いたからあげたのでは？
・1つだけの大切さを伝えている
・1つの花をどうするか知りたい
・幸せはもらえないかも
・ものを大切にしてほしい
・口ぐせではない
・ゆみ子が幸せになるように。
・ゆみ子を心配している
・将来を心配している
・1つしかあげられないところ
・やさしくする
ふつうのこと？
ふつうとはちょっとちがう!!
コスモスはたまたま1つしかなかった
もし、いっぱい咲いていたらあげた？
・あげるだけ
・口ぐせ
・ゆみ子を泣きやませている
・なんでももらえる
・「かわいそう」と思っている
・やさしく育ててあげようという願い
P69 なくなっちゃう
口ぐせ→ゆみ子を甘やかしている
・しょうがなく言っている
無意識
P70で考えているよ
③ 父 母 28人
② 父 母 9人
① 父 母 0人

動画でチェック

4 構造埋め込み型

板書のねらい

説明文や物語の構造を板書に埋め込むことで、**学習内容と構造を結び付けながら考える力**を育てる。

板書の特長

板書の上段部分に作品の構造を書き込み、学習内容と作品構造を結び付けながら学習を展開できる板書モデルです。「構造」と「内容」を関連付けながら、読みの力を高めます。

授業展開のポイント

前時までの復習も含め、授業の最初の5分ほどで文章の構造を確認し、板書に埋め込みます。説明文の場合であれば形式（意味）段落と「はじめ→中→おわり」の構造、物語であれば場面番号やファンタジー作品特

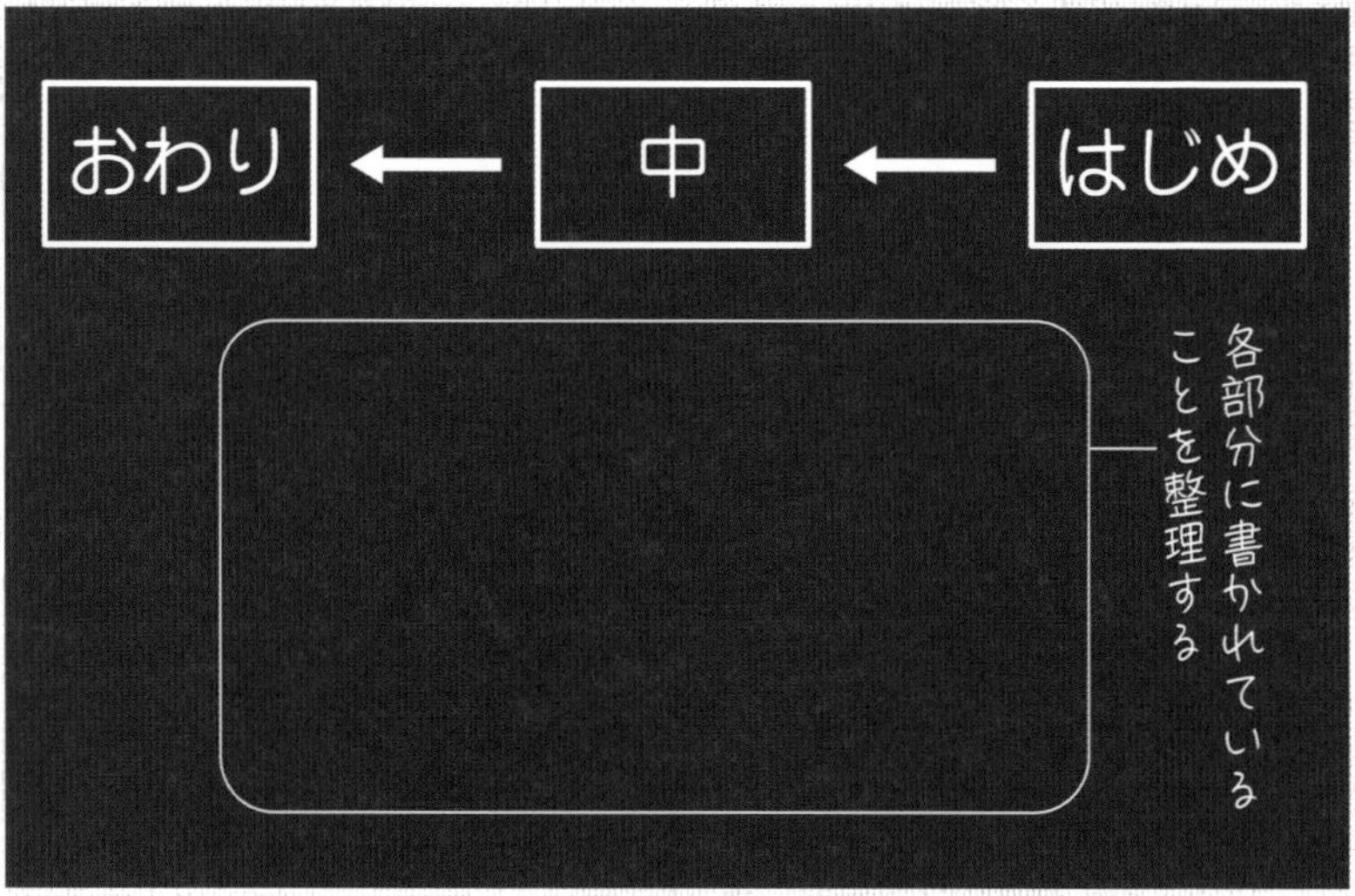

育てたい論理的思考力

比較・分類　**関連付け**　類推

有の「現実⇕非現実」の構造を埋め込みます。その後、学習課題に沿って、構造と結び付けながら板書を行います。

最初に構造を埋め込むことで、話合いを進めながら「今、どの部分の話をしているのか」を全体で確認できます。

授業の実際 初雪のふる日（光村図書 4年）

下記の授業は、学習課題自体が作品の構造に関することを扱った授業です。これまでの学習を想起させながら、ファンタジー作品の入口と出口について考えました。話合いを進める中で「この物語は、入口と出口が扉のようなものではなく、高速道路のようなものだ」という発言がありました。板書左下の図が、徐々に現実から非現実の世界に入り、出口も同様に設定されているという、この作品の構造を表しています。

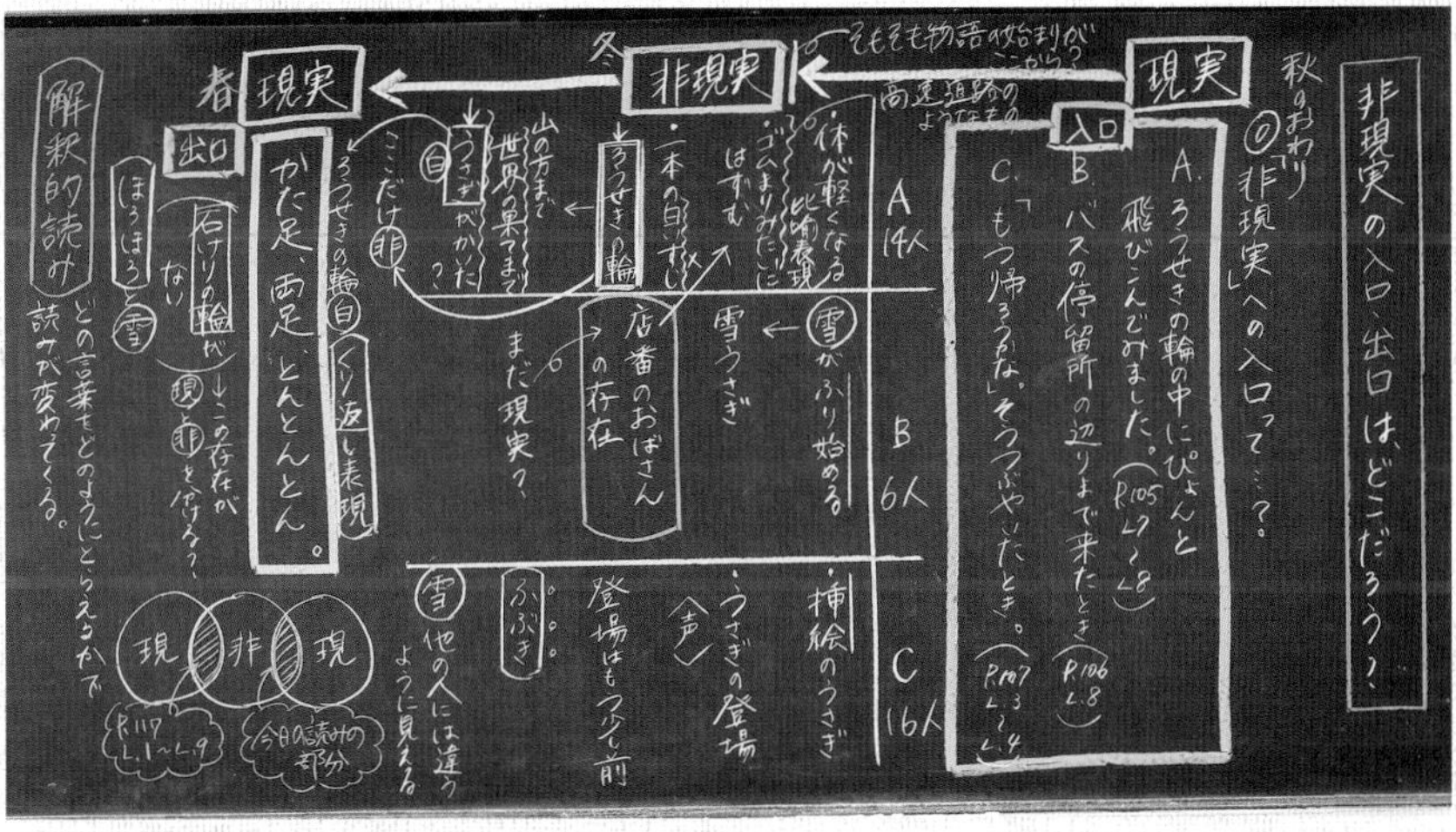

動画でチェック

5 問答・変容型

板書のねらい

文章の最初と最後のポイント（問いと答え、中心人物の変容）を押さえて、論理的に文章を読む力を育てる。

板書の特長

文章中の「問いと答え」の関係や「中心人物の変容」を明確にする板書モデルです。矢印の下には、説明文の場合は「事例」について、物語文の場合は「変化のきっかけ」についてまとめることが多いです。

授業展開のポイント

このモデルはバリエーション4の「構造埋め込み型板書」と組み合わせて使うこともあります。教材の最初と最後のつながりを確認し、全体を俯瞰した上で、

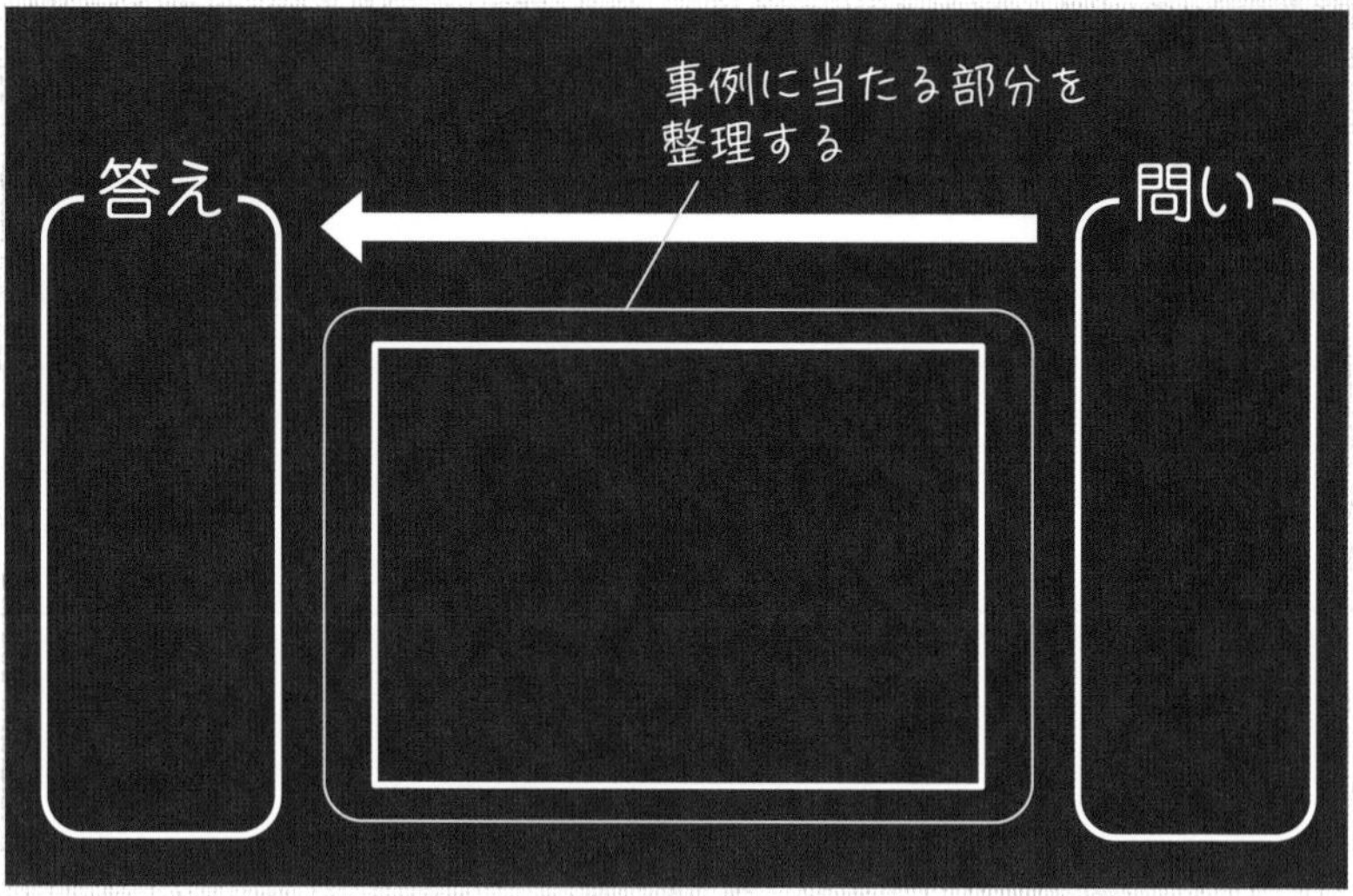

育てたい論理的思考力

比較・分類　関連付け　類推

その論理の根拠や因果関係を明らかにしていきます。

「問い」と「答え」の文が教材に書かれている場合は、最初に確認し、黒板に書き込んでしまいましょう。そして、学習課題では「事例」（物語の場合は「変化のきっかけ」）について扱うことで、「事例」と「問い・答え」の関係性に着目させることができます。

授業の実際　ありの行列（光村図書　3年）

下記の授業では、最終段落冒頭の「このように」という指示語に集約される実験と研究との関連付けを学ぶことができました。

「答え」の部分に書かれている「においをたどって、えさの所へ行ったり、巣に帰ったりする」を「中」に書かれている実験と研究で詳しく説明しています。説明文における「具体と抽象」の関係も明らかにできる板書です。

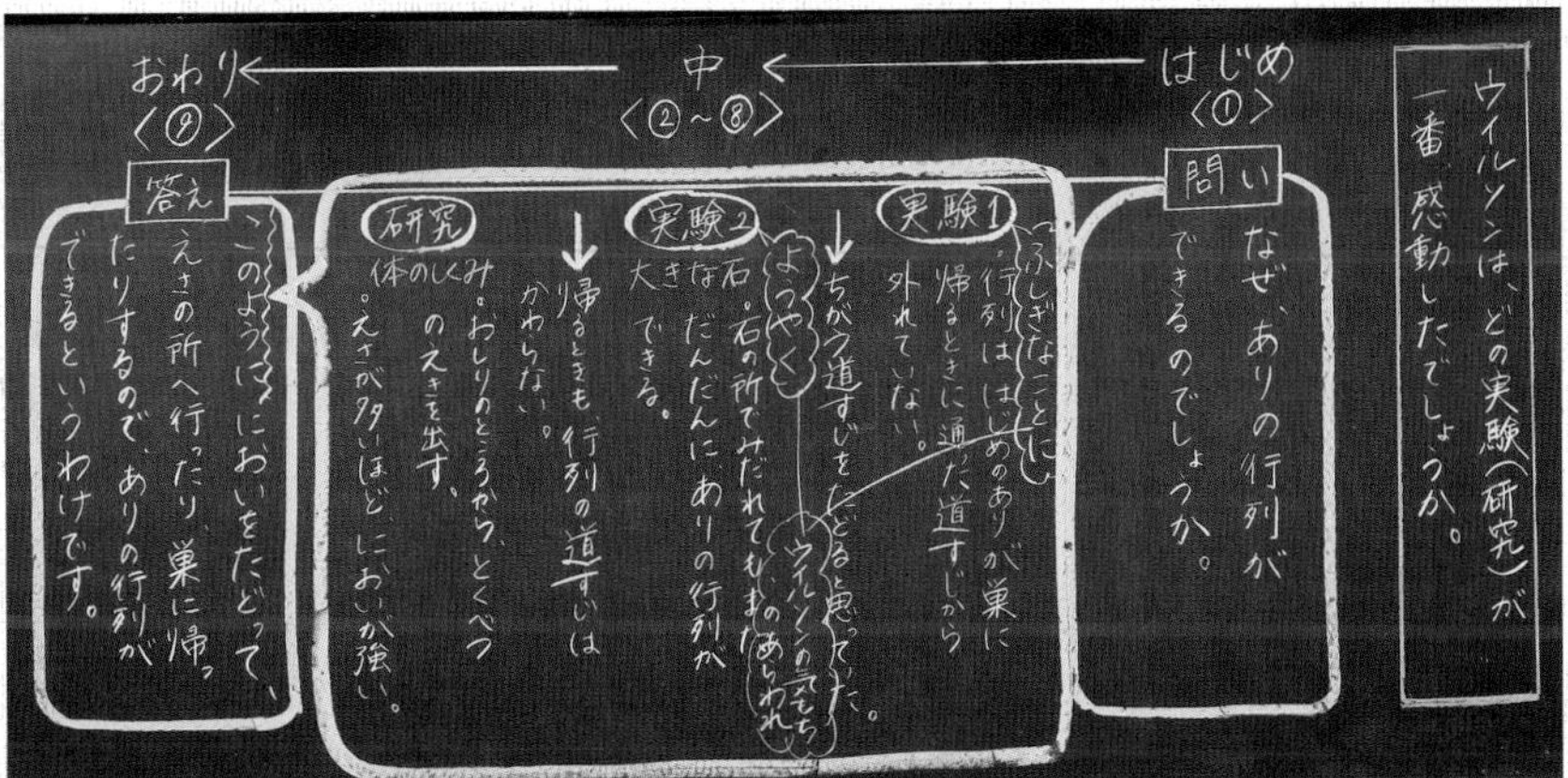

ウィルソンは、どの実験（研究）が一番感動したでしょうか。
はじめ〈①〉
問い
なぜ、ありの行列ができるのでしょうか。
中〈②〜⑧〉
実験1
ふしぎなことに
行列ははじめのありが巣に帰るときに通った道すじから外れていない。
実験2
大きな石。石の所でみだれてもまただんだんにありの行列ができる。
ようやく
ちがう道すじをとると思っていた。
ウィルソンの気もちのあらわれ
帰るときも、行列の道すじはかわらない。
研究
体のしくみ。おしりのところから、とくべつのえきを出す。
えきが多いほどにおいが強い。
おわり〈⑨〉
答え
このように
においをたどって、えさの所へ行ったり、巣に帰ったりするので、ありの行列ができるというわけです。

動画でチェック

6 人物相関図型

板書のねらい

登場人物の関係性を押さえることで、**文章全体をおおまかに捉える力**を育てる。

板書の特長

物語文特有の板書モデルです。登場人物の人物関係を矢印や吹き出しを使って分かりやすくまとめます。**単元の序盤の授業（第1〜2時）で用いる**ことで物語のおおまかな内容を捉えることができます。

授業展開のポイント

登場人物の配置はあらかじめ決めておきましょう。簡単なイラストを添えると子どもたちは大喜びです。子どもたちの発言を拾いながら、人物相関図に矢印を書き込み、つながりを明らかにしていきます。

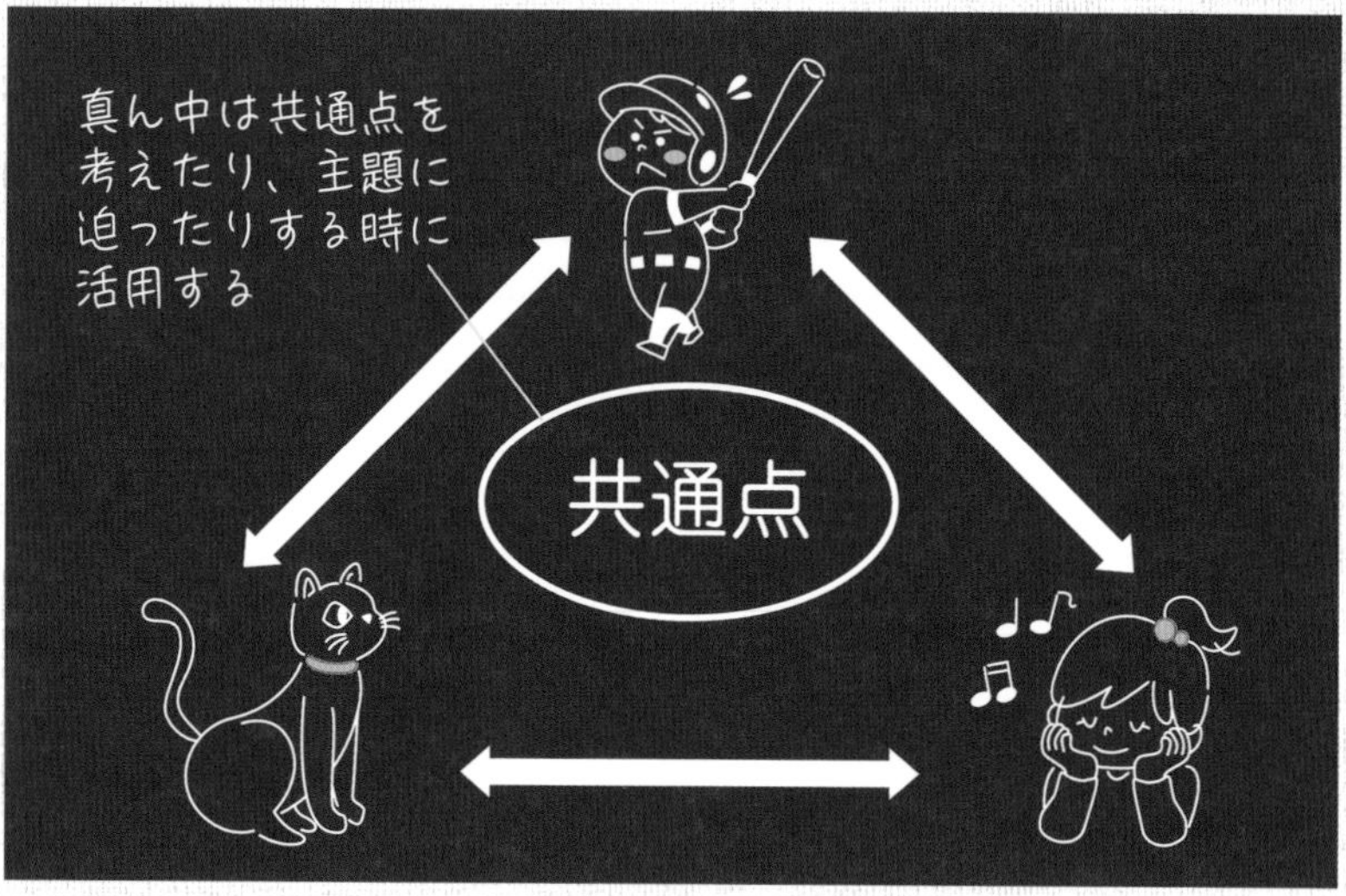

真ん中は共通点を考えたり、主題に迫ったりする時に活用する
共通点

育てたい論理的思考力

比較・分類　**関連付け**　類推

また、吹き出しや色チョークを用いることで、その登場人物の特徴を目立たせることができます。

子どもたちとの話合いを進める中で、発言が少ない関係性については、焦点化して「ここに何か書けることないかな」と問うことも一つの手段です。子どもたちの読みが浅い部分に気付かせ、再考を促すことができます。

授業の実際　きつねのおきゃくさま（教育出版　2年）

下記の授業では、「悲しさ」をキーワードに、きつねと3匹の動物の関係性に迫りました。黒板の真ん中の部分は意図的に空けておき、授業の終盤で共通点（きつねに育てられた感謝）をまとめたことで、登場人物の特徴を関連付けた読みに迫ることができ、子どもたちの読みがさらに深まりました。

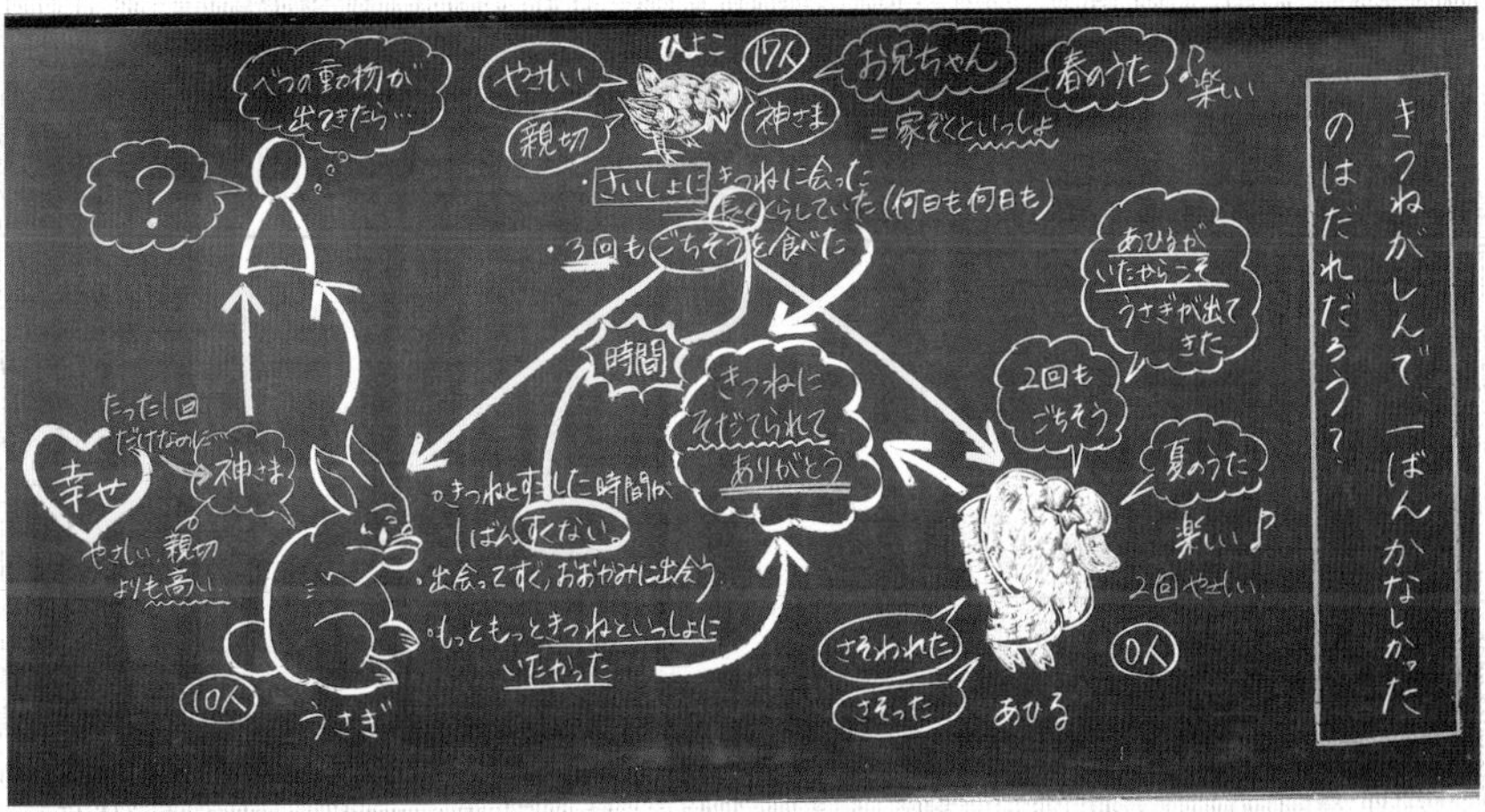

動画でチェック

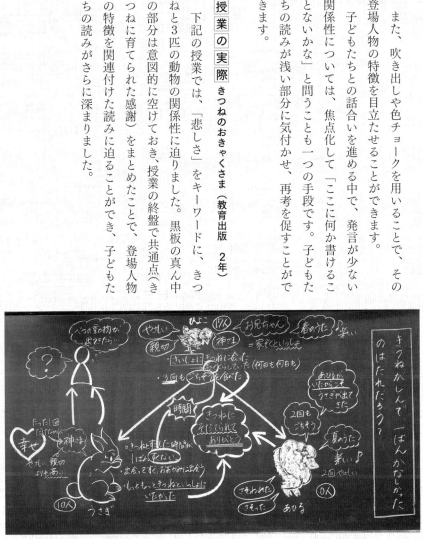

7 スケーリング型

板書のねらい

数値化された考えを交流することで、他者との微妙な解釈のズレを明らかにし、**多様な解釈における共通性を見つける力**を育てる。

板書の特長

考えの幅をあえて制限し、その度合いを数値にして可視化することで、考えの微妙なズレに気付かせることのできる板書モデルです。

授業展開のポイント

学習課題に沿って自分の考えを数値化し、ネームマグネットを黒板に貼ります。自分たちの立ち位置を可視化した後は、その考えの根拠と理由を交流させます。同じ数値を選んでいても理由が違ったり、数値が違っ

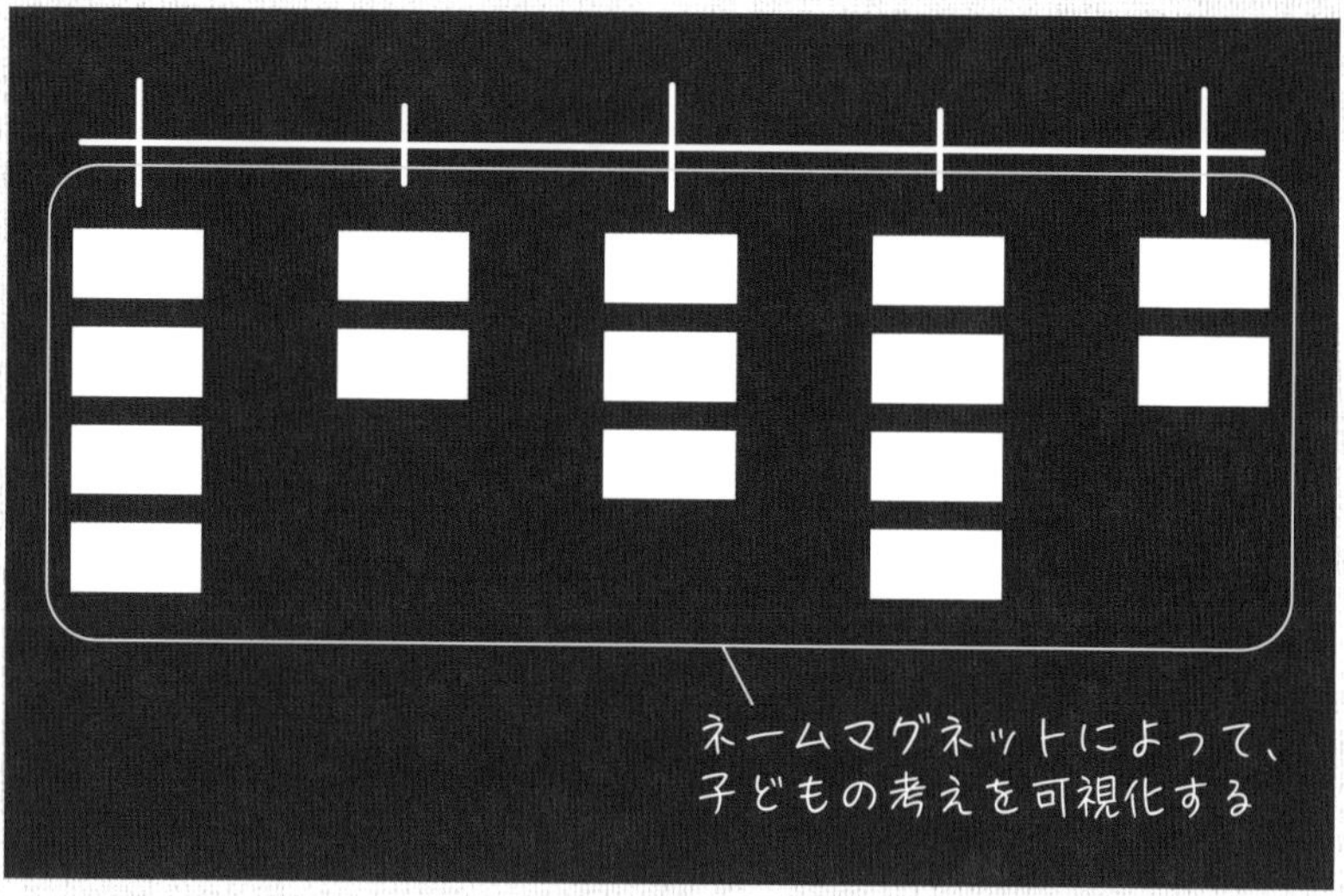
ネームマグネットによって、
子どもの考えを可視化する

育てたい論理的思考力

比較・分類

関連付け

類推

ても理由が同じだったりという考えのズレに注目して授業を展開させます。

子どもたちの実態に合わせて、**スケーリングで用いる数値は5段階もしくは10段階のどちらかで設定して**ください。10の数値に分けても多様な議論が期待できそうな場合は、10段階の方がよいかもしれません。

授業の実際　カレーライス（光村図書　6年）

下記の授業は、真ん中を中立の立場として、両極のどちらに考えが近いかを判断させました。脇役であるお母さんの存在を「味方」という視点から考えさせます。ひろしとお父さんの関係をつなぐ重要な役割を果たしているお母さん。スケーリングで拡散させた考えを授業後半の**「もし、お母さんの手紙がなかったら？」**というゆさぶり発問で焦点化していきます。

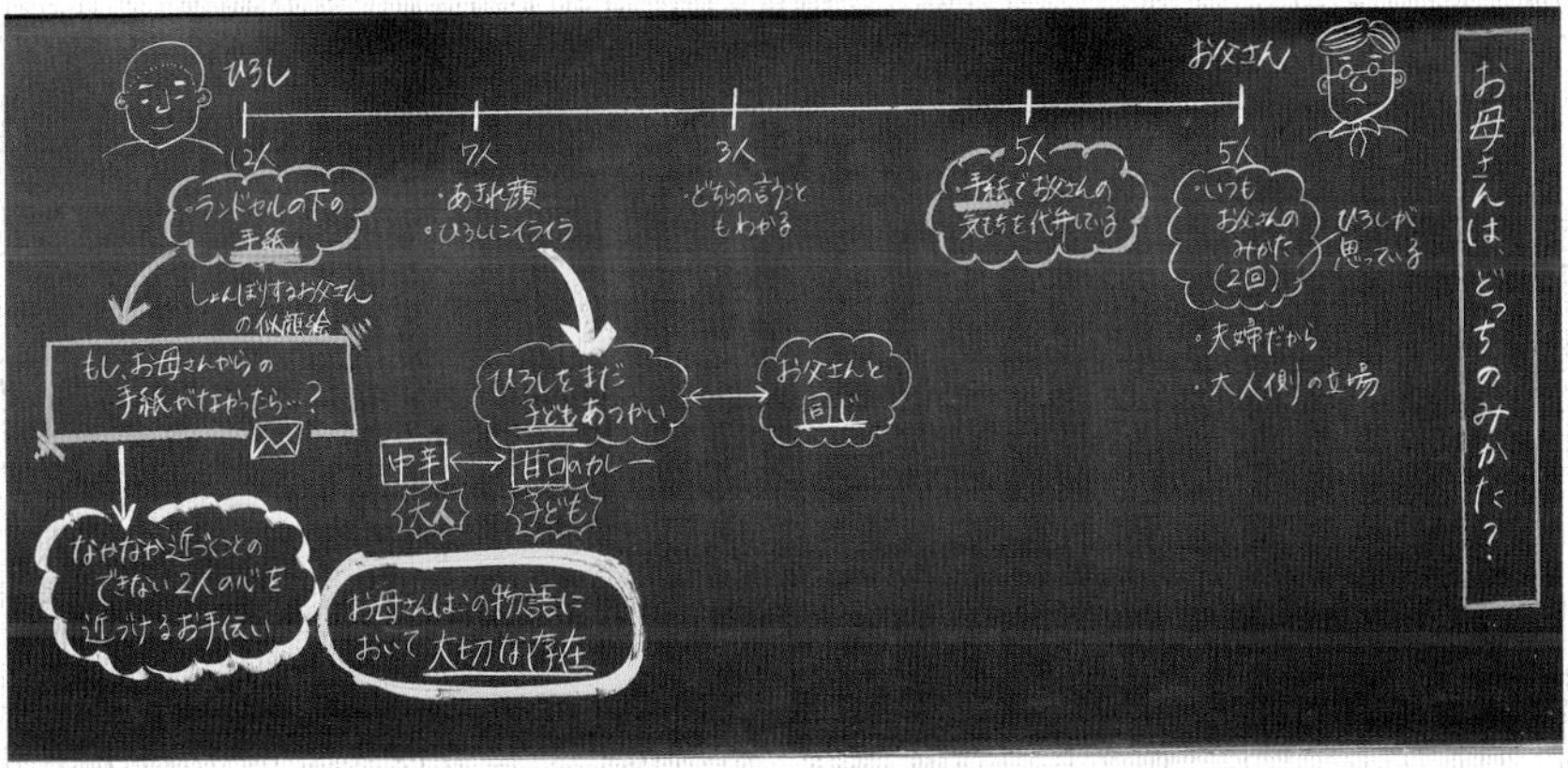

動画でチェック

8 移動型

板書のねらい

バラバラに配置された事柄を整理・分類する学習過程を通して、**事柄を関連付けて考える力**を育てる。

板書の特長

「時間」や「事柄」の順序に注目させ、その論理を考えることのできる板書モデルです。**扱っている言葉を自由に動かすことができる**点が最も大きな特長です。言葉だけでなく写真や挿絵を用いることもあります。

授業展開のポイント

並び替えの作業によって思考を活性化させます。初めはバラバラに黒板に配置された文を「時間」や「事柄」の順序に注目させながら移動させます。移動させ

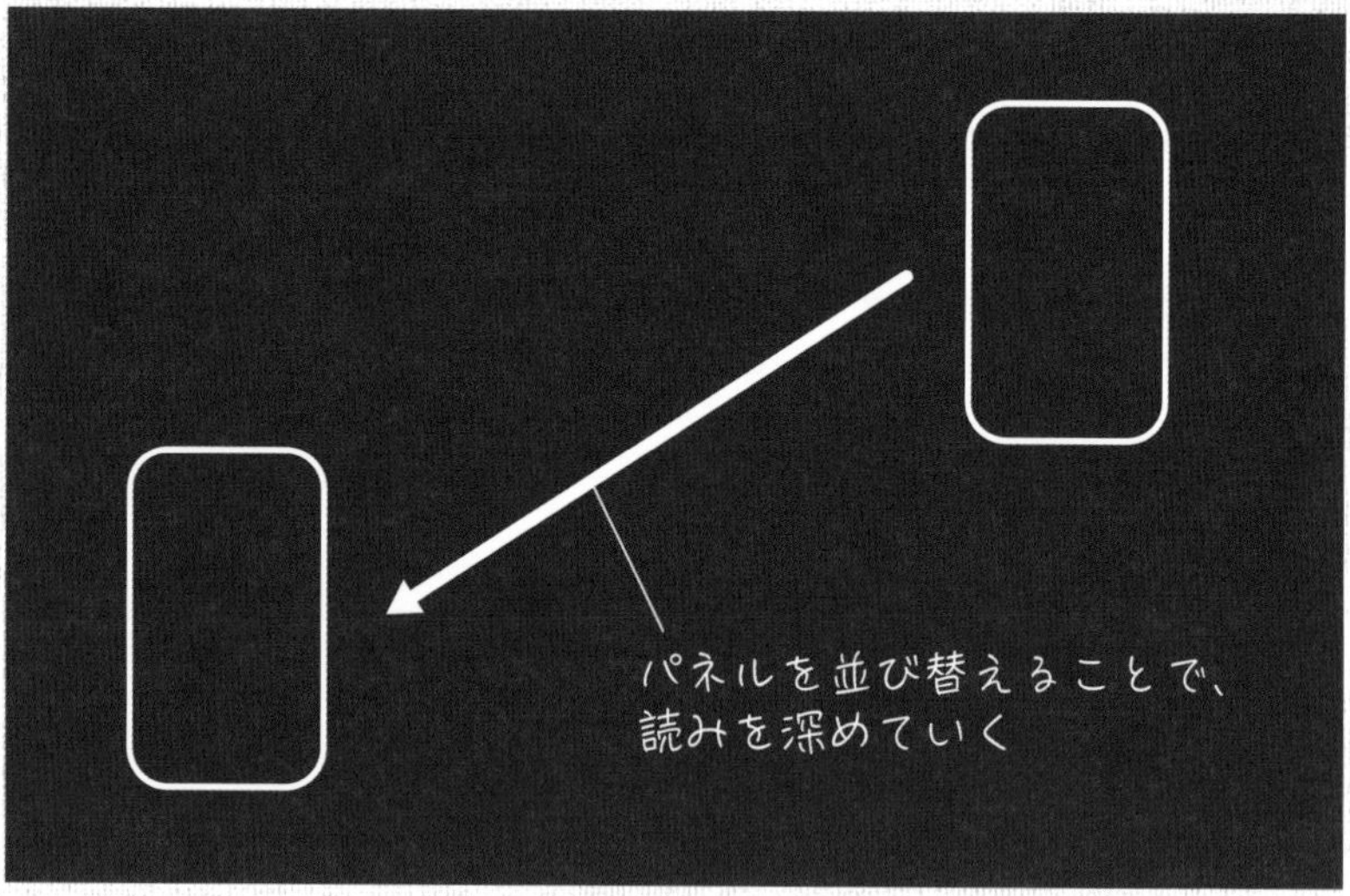
パネルを並び替えることで、
読みを深めていく

育てたい論理的思考力

比較・分類　関連付け　類推

る中で、新たな発見を導き、読みを深めるきっかけにしましょう。

授業の実際　ウナギのなぞを追って（光村図書　4年）

下記の板書はバリエーション4の「構造埋め込み型」と組み合わせたものです。あらかじめ用意しておいたパネルを提示し、構造部分に示した「時間」と関連付けながら「事柄」を整理しました。矢印で順序を示しながら、重要な言葉（今回はレプトセファルスの具体的な大きさ）を一緒に書き込みます。パネルを移動させる時も、「こっちかな？　あっちかな？」といろいろなパターンを話し合いながら進めることで、論理的に思考する力を育てることができます。移動型の板書の特長をうまく生かしながら授業を展開しましょう。

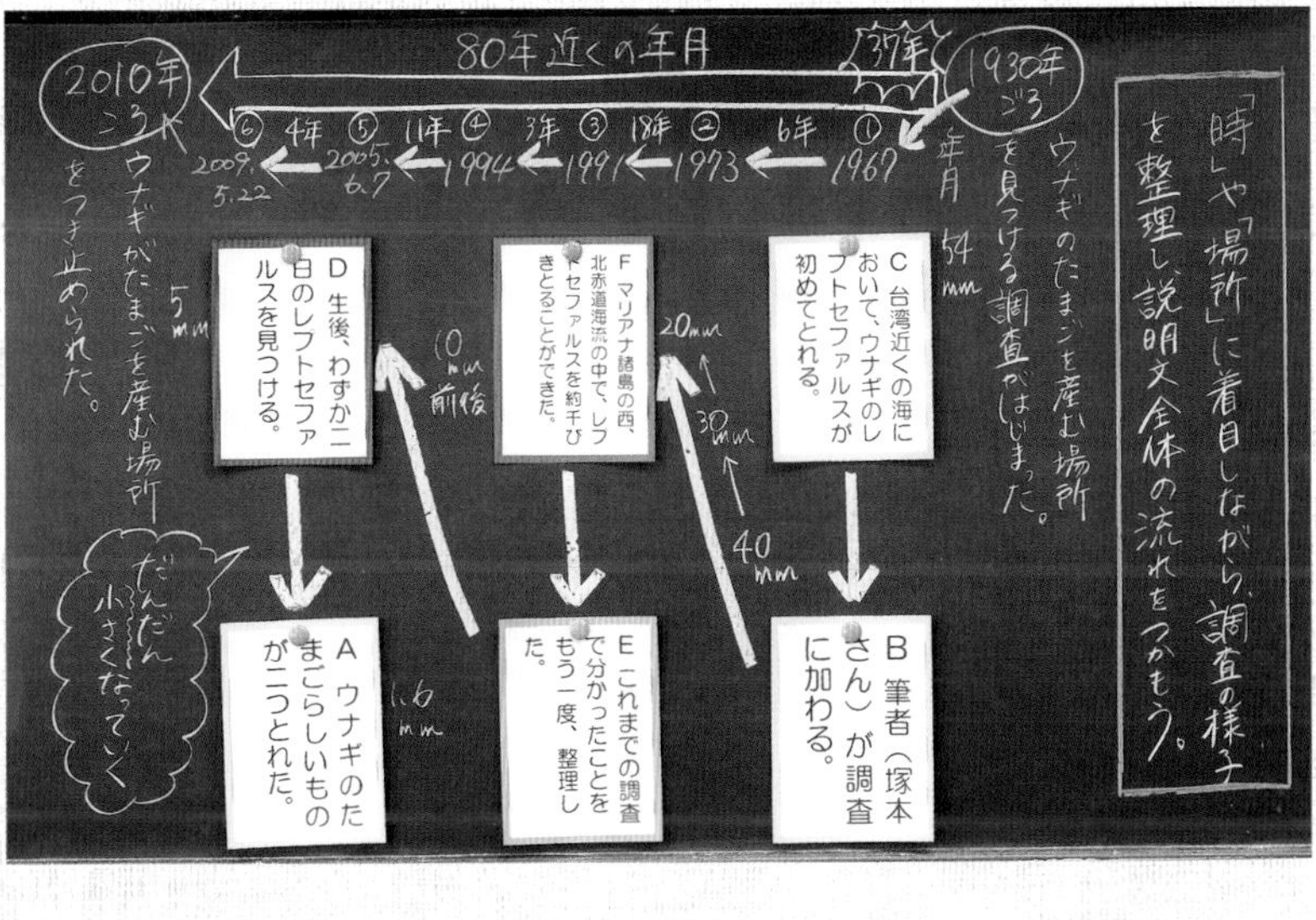

動画でチェック

9 穴埋め型

板書のねらい

板書にあえて空所をつくることで、**書かれていないことを類推させ、論理的に考える力**を育てる。

板書の特長

文章の内容を整理する中で、文章には書かれていない部分や行間に注目させ、新たな気付きをもたらす板書モデルです。想像力を働かせながら論理的に文章を読む力を伸ばすことができます。

授業展開のポイント

まず、授業前半は学習課題に沿った子どもたちの発言をどんどん引き出しながら言葉を整理していきます。**ある程度意見が出揃う授業中盤から後半**で、子どもたちがまだ整理できていない（気付いていない）空

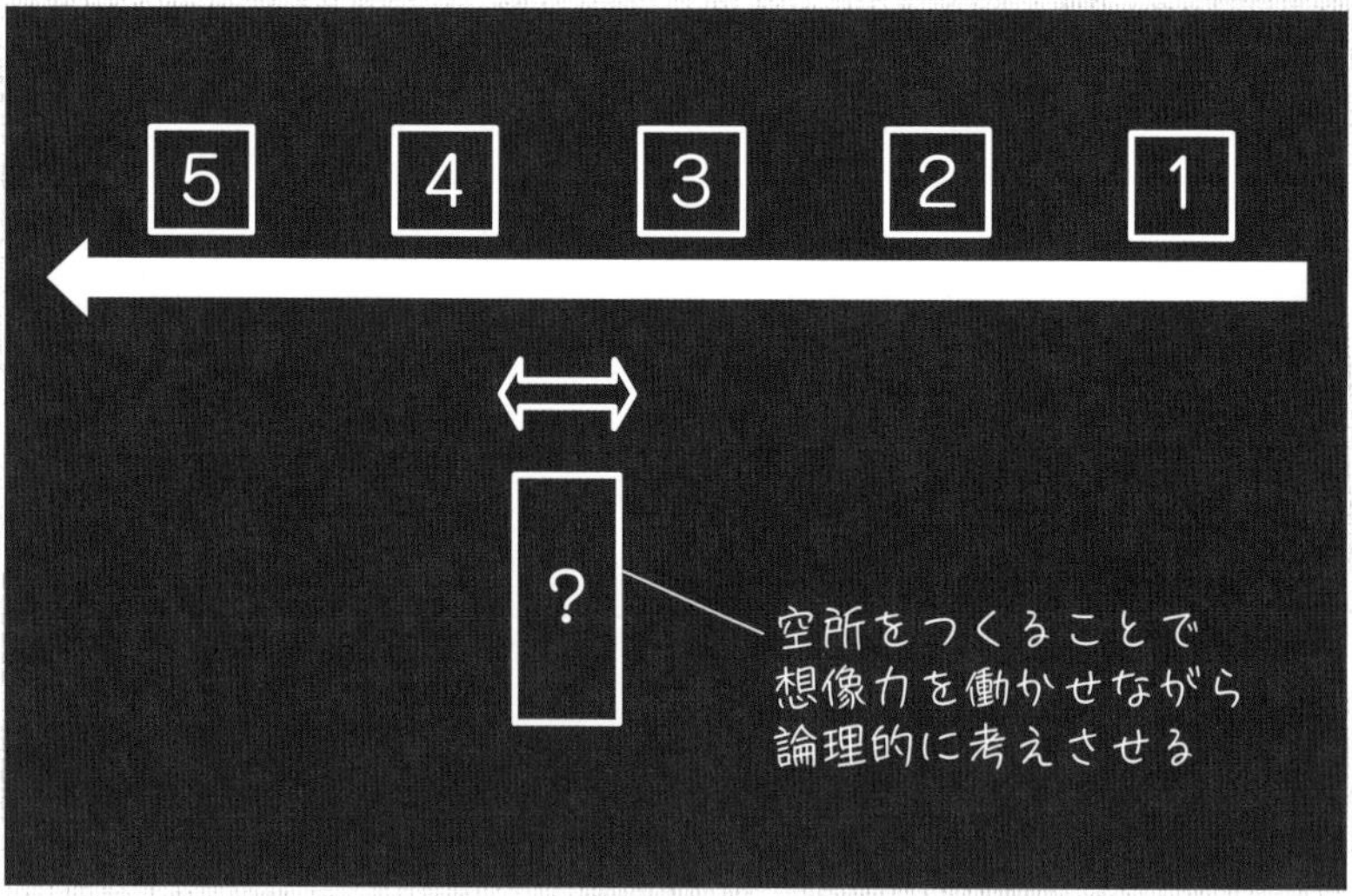
1
2
3
4
5
?
空所をつくることで
想像力を働かせながら
論理的に考えさせる

育てたい論理的思考力

比較・分類

関連付け

類推

所の部分に注目させ、新たな読みを引き出します。

どの部分を「空所」にするのかを、しっかりと教材研究の時点で定めておくことが大切です。子どもたちの意見を板書する際には、その空所が深い思考のきっかけになります。教師があえて**「あれ？ ここって誰も答えてないけど、誰も分からなかったってこと？」**というようにとぼける演出をすることも必要です。

授業の実際 スイミー（光村図書 2年）

下記の授業で取り上げた部分は、文章には一言で書かれている部分ですが、実際にはスイミーが様々に考えていることを想像することができます。

「空所」を発見した後は、**「なぜ文章に細かく書かれていないのか」**を議論する中で、作者の意図や作品の効果に迫ることができました。

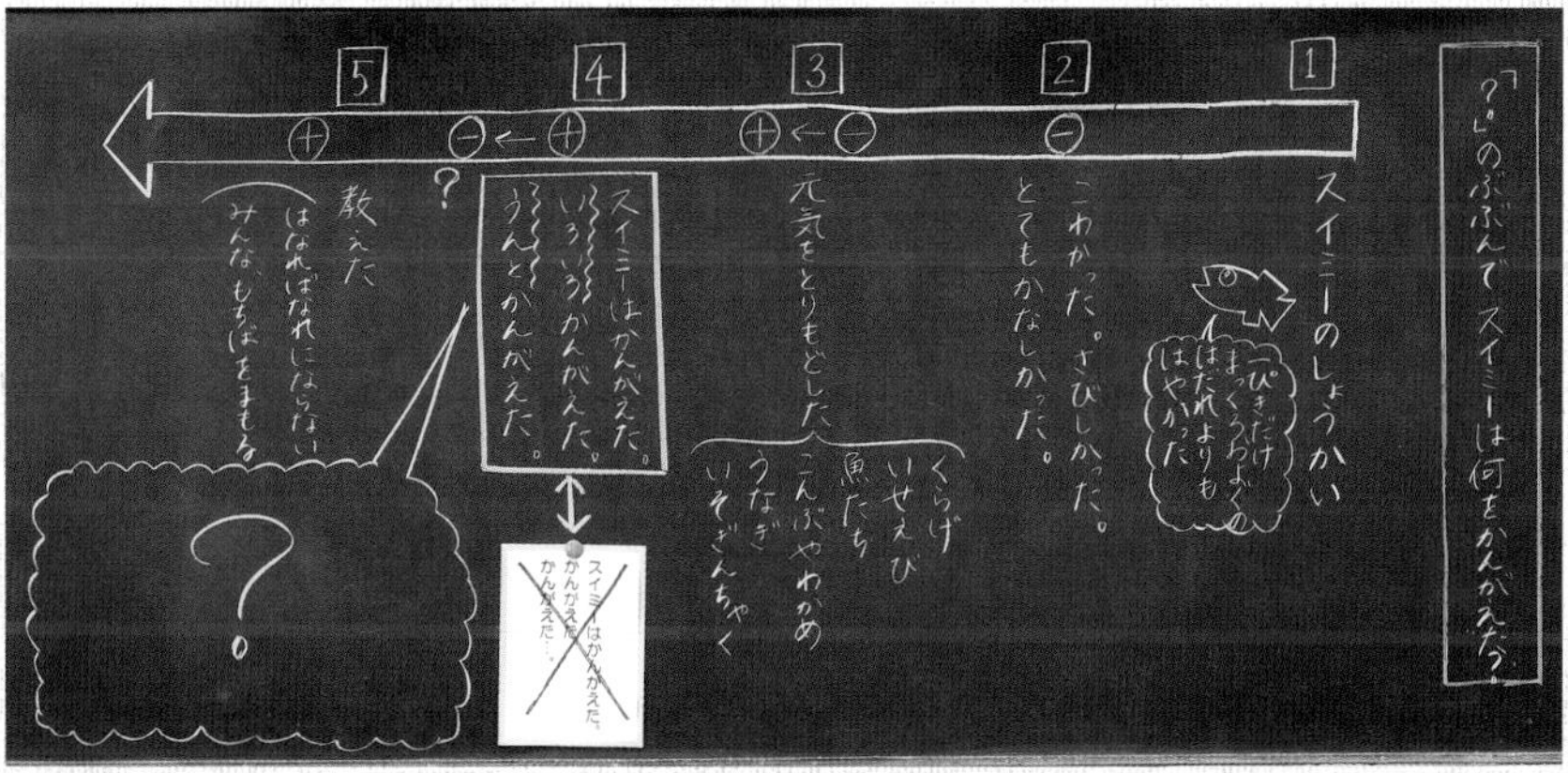

動画でチェック

10 循環型

板書のねらい

循環型の構造を視覚的に訴えることで、整理された内容を基に**類推する力**を育てる。

板書の特長

教材の構造として、同じことが繰り返される内容が含まれるものに有効な板書モデルです。この**循環構造に気付くことで、新たな学習課題を生み出す**ことができます。

授業展開のポイント

循環を表す型は最初から板書しておく場合もありますし、授業後半になってからそれぞれの意見をつないで一つの円になっていることを示す場合もあります。大切なことは、この**構造への気付きから新たな問いを**

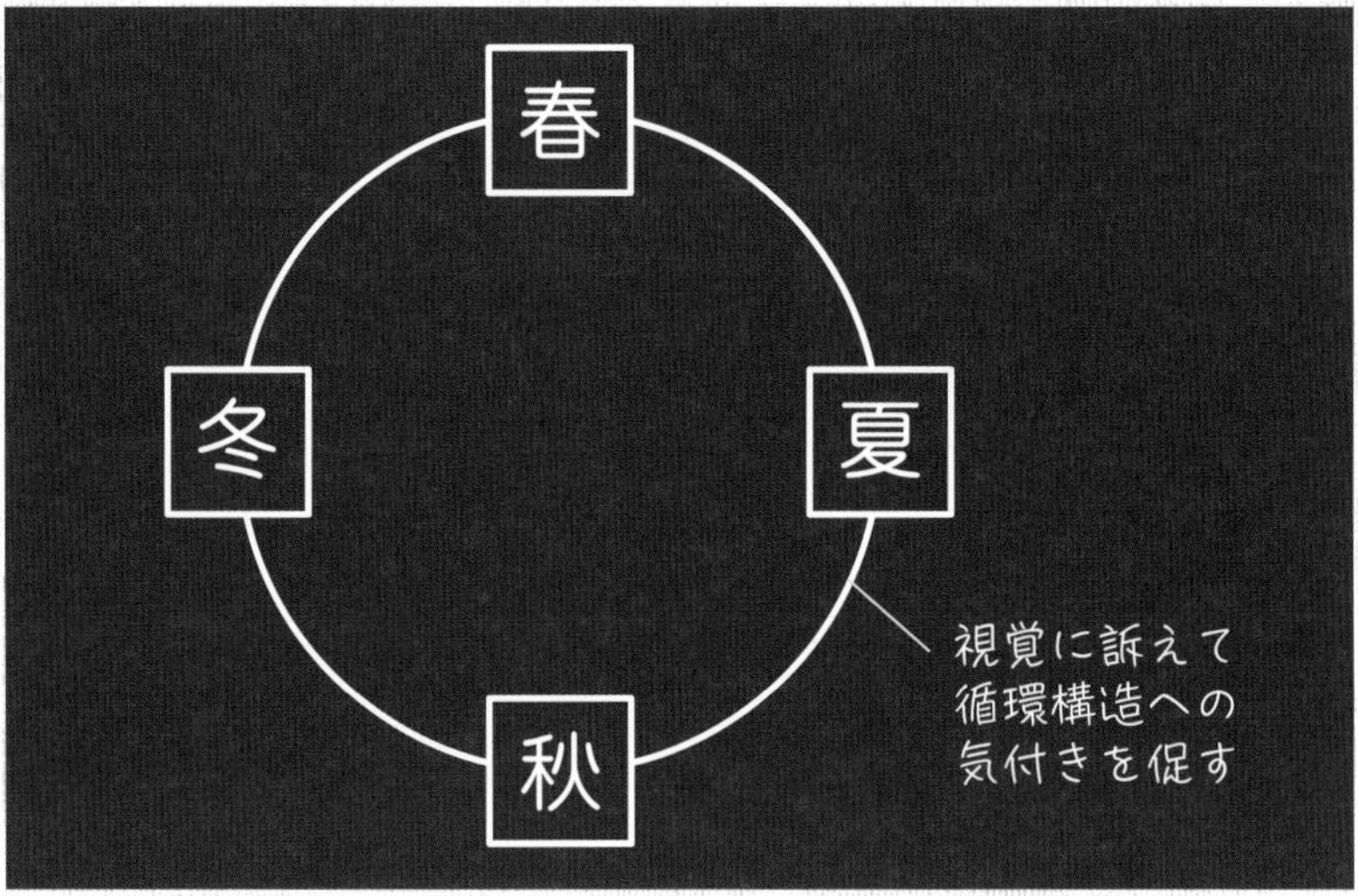

春
夏
秋
冬
視覚に訴えて
循環構造への
気付きを促す

育てたい論理的思考力

比較・分類

関連付け

類推

生み出すことです。

また、循環型を効果的に扱うことのできる教材の特性は、**「季節」や「繰り返し行動」があるものです。**

授業の実際　たんぽぽのちえ（光村図書　2年）

下記の授業は、四つの「ちえ」を比較しながら、事柄の順序性と知恵の特性を整理しています。「たんぽぽは綿毛になった後、再び新しい生命として生まれ変わる」という特性を生かし、循環型の板書を用いました。授業の序盤で「たんぽぽのちえ」が四つあることを確認し、板書の配置を決めておきます。それぞれの発言のポイントを書いた後、授業の終盤で「ちえ4→ちえ1」の矢印があることを子どもたちと一緒に確認します。教科書には書かれていない「新しい生命の誕生」まで考える機会を与えることで読みを深めましょう。

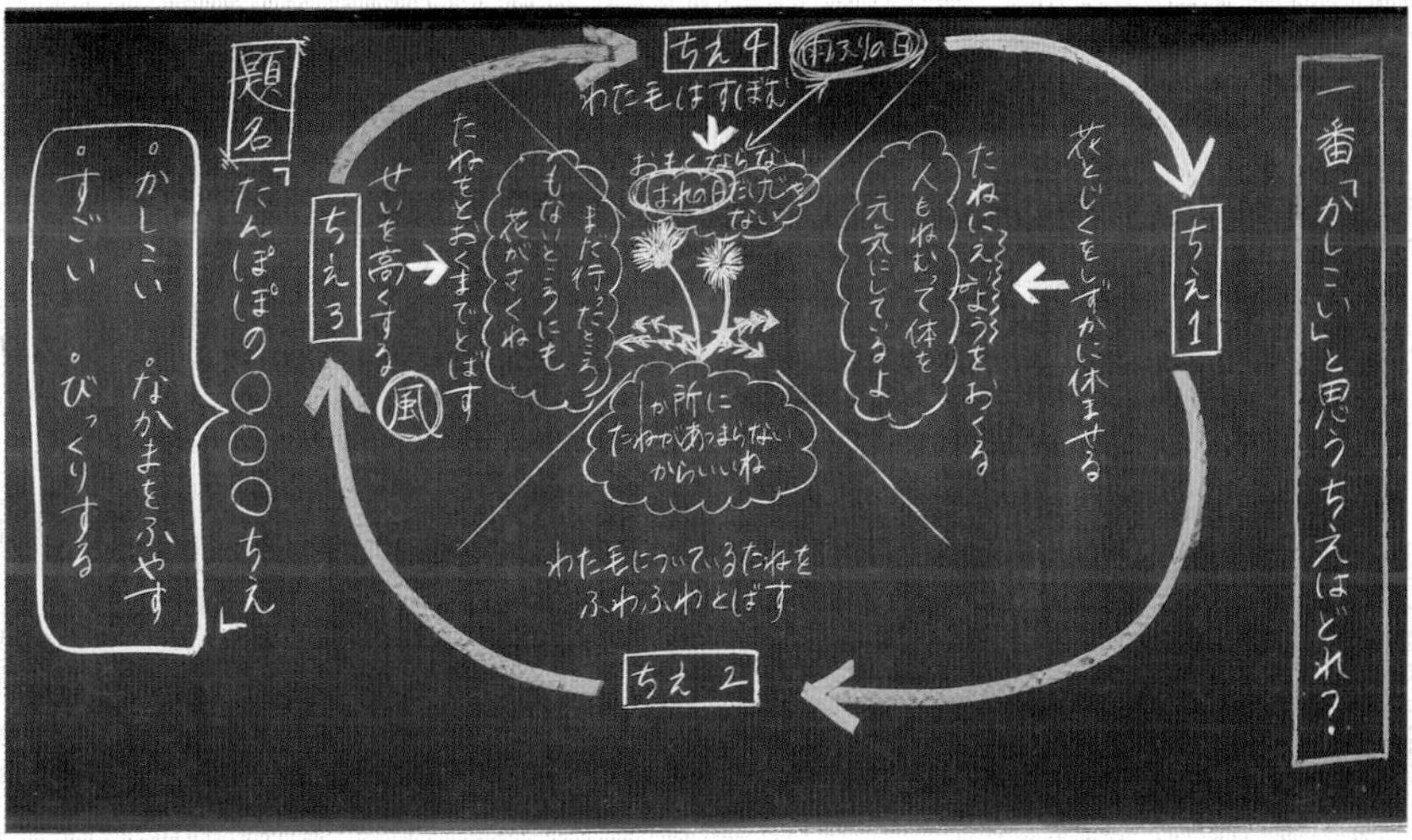

一番「かしこい」と思うちえはどれ？
ちえ1
花とじくをしずかに休ませる
たねにえいようをおくる
人もねむって体を元気にしているよ
ちえ2
わた毛についているたねをふわふわとばす
1か所にたねがあつまらないからいいね
ちえ3
せいを高くする
たねをとおくまでとばす
風
また行ったところにもないところにも花がさくね
ちえ4
雨ふりの日
わた毛はすぼむ
おもくならない
はれの日だけ
題名「たんぽぽの〇〇〇ちえ」
。かしこい　。なかまをふやす
。すごい　。びっくりする

動画でチェック

第2章

「立体型板書」実践編

類別

型 ≫ 豆太の人物像を考える。豆太の性格を時間軸や出来事軸と絡めながら、整理する板書。

「モチモチの木」

（光村図書　3年）

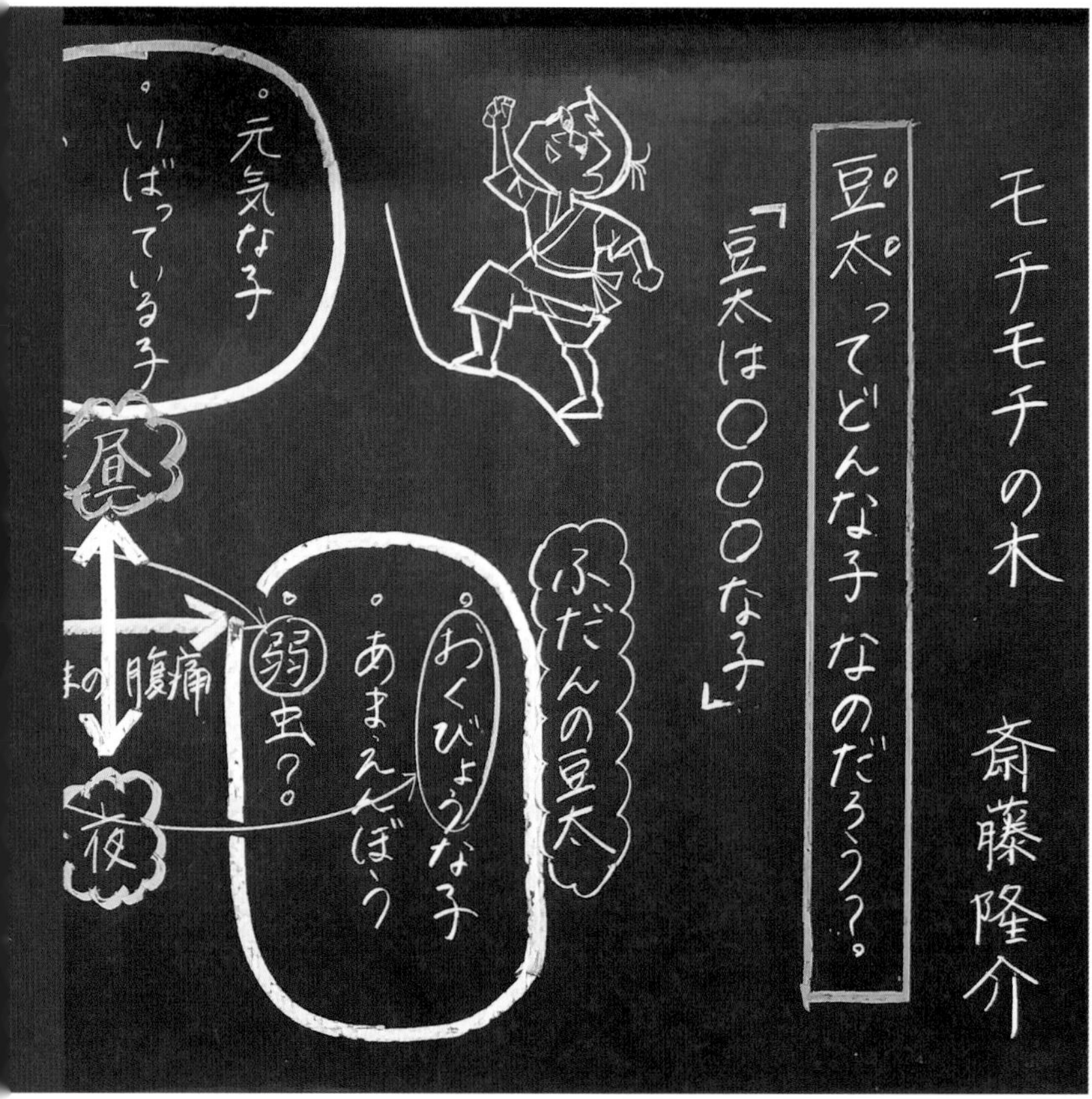

モチモチの木　斎藤隆介
豆太ってどんな子なのだろう？。
「豆太は○○○な子」
ふだんの豆太
。おくびょうな子
。あまえんぼう
弱虫？。
。元気な子
。いばっている子
昼
夜
腹痛

本時のねらい

豆太の性格や様子を表す言葉を整理することを通して、時間帯や出来事によって違いがあることに気付き、人物像を捉えることができる。

POINT

- 「昼」「夜」「ふだんの豆太」「霜月二十日のばん」の言葉は、最初は書かない。子どもたちに板書の分類の意図を考えさせる。
- 本時の指導事項である「人物像」という学習用語をしっかりと明記する。
- 話合いの中から見えてくる、今後、考えたい「学習課題」を書き残しておく。

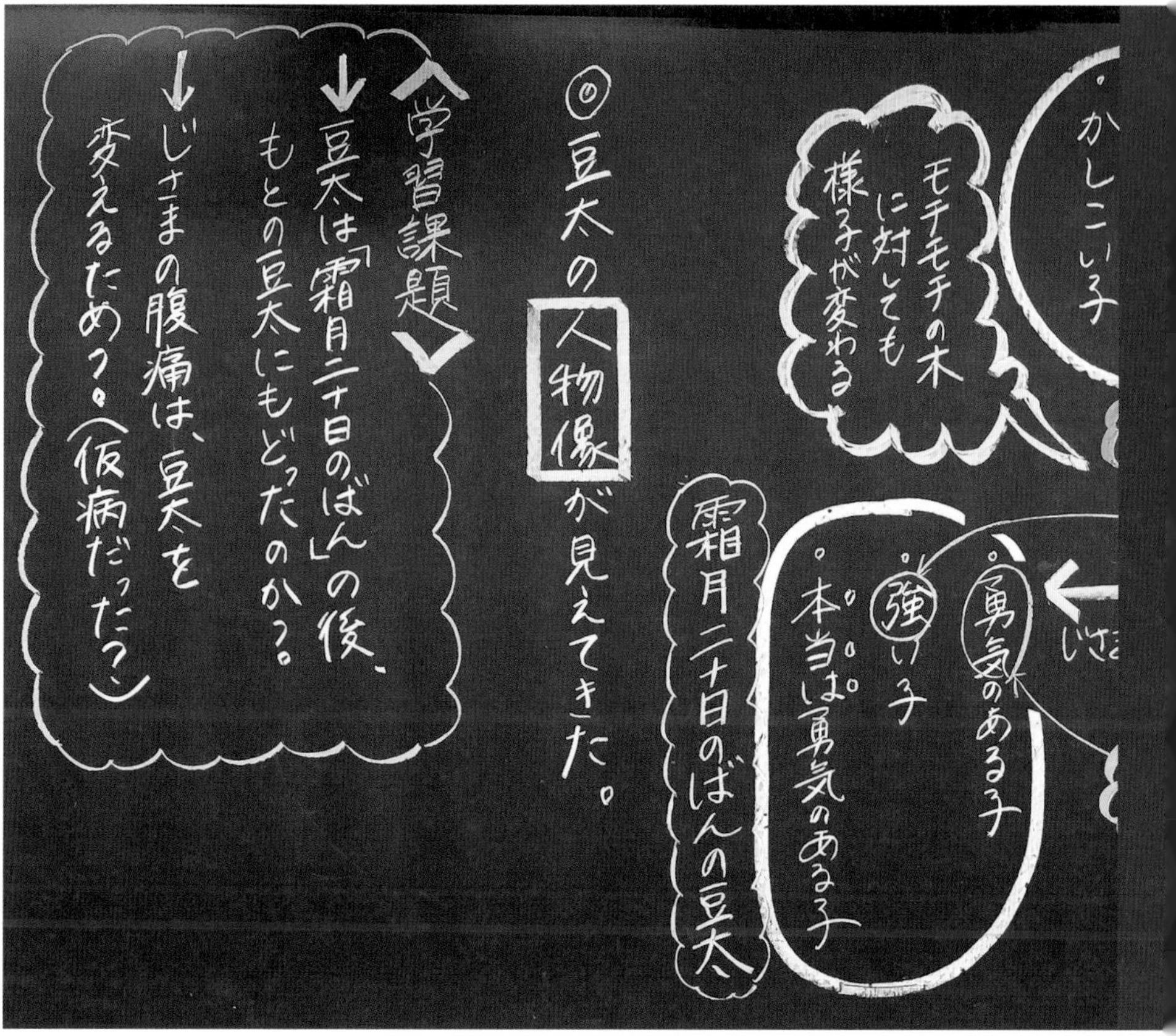
かしこい子
モチモチの木に対しても様子が変わる
勇気のある子
強い子
本当は勇気のある子
霜月二十日のばんの豆太
◎豆太の人物像が見えてきた。
〈学習課題〉
↓豆太は「霜月二十日のばん」の後、もとの豆太にもどったのか。
↓じさまの腹痛は、豆太を変えるためっ。（仮病だった？）

授業の流れ

1 「豆太は○○な子」に当てはまる言葉を考えさせる。子どもたちの発言を教師は、「昼」「夜」の**時間軸（上下）と出来事軸（左右）の二つを意識**しながら、分類して黒板に記入。

2 意見が出揃ったところで**「先生はみんなの考えを分けながら書いたのだけど、どう分けていたか分かる？」**と問い、板書の意図を考えさせる。「時間軸」と「出来事軸」の二つに気付かせたい。

3 豆太の人物像をまとめるに当たり、「時間帯によっても大きく様子が変化すること」「霜月二十日のばんの前後の様子の比較」を押さえ、今後の学習課題につなげたい。

▼類別型

型 ≫ 作品全体を通して伝わってくる「悲しさ」。場面ごとに悲しさを分類し、整理する板書。

「ちいちゃんのかげおくり」

（光村図書 3年）

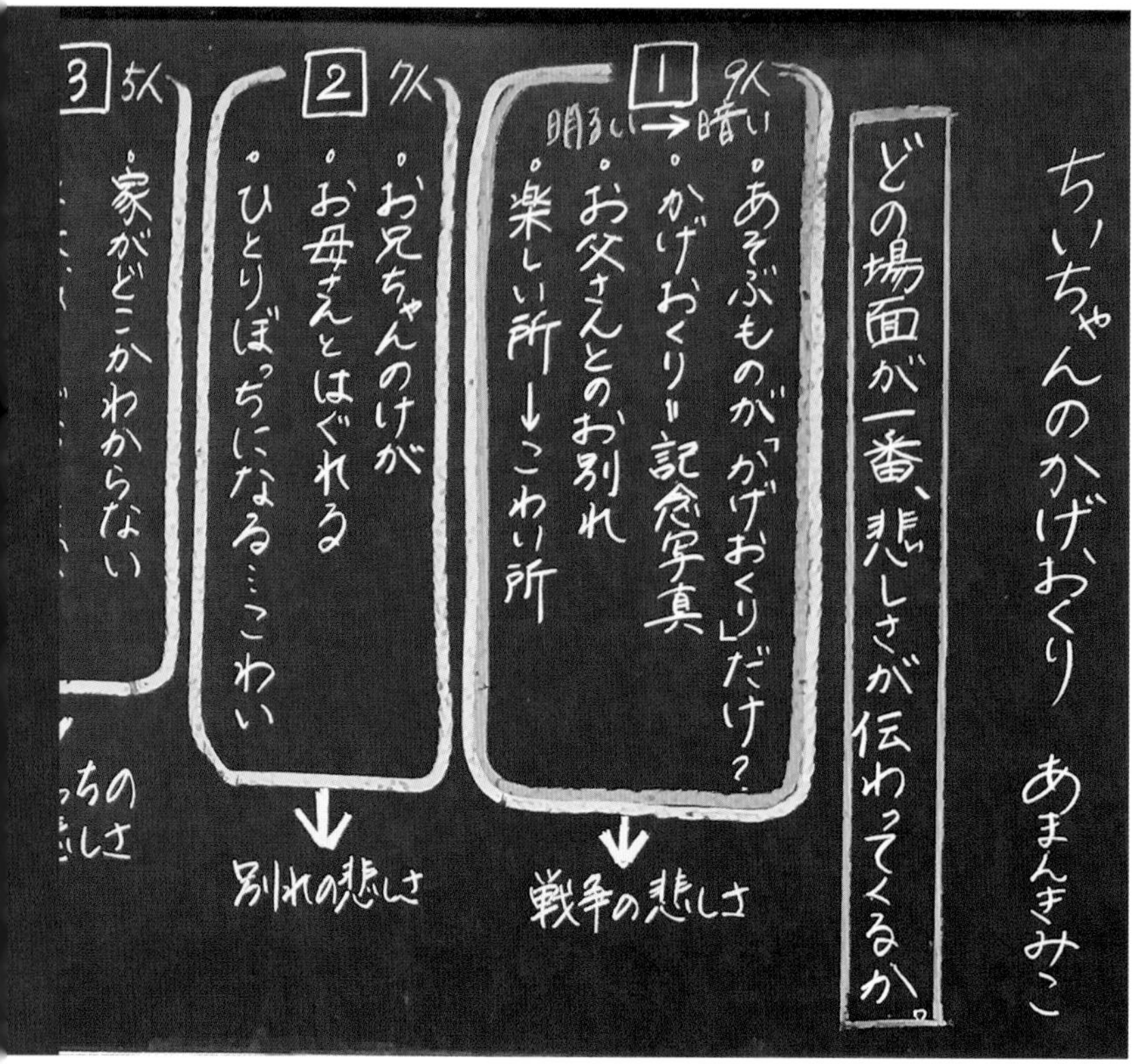
ちいちゃんのかげおくり
あまんきみこ
どの場面が一番、悲しさが伝わってくるか。
1 9人
明るい→暗い
・あそぶものが「かげおくり」だけ？
・かげおくり＝記念写真
・お父さんとのお別れ
・楽しい所↓こわい所
戦争の悲しさ
2 9人
・お兄ちゃんのけが
・お母さんとはぐれる
・ひとりぼっちになる…こわい
別れの悲しさ
3 5人
・家がどこかわからない

本時のねらい

各場面から伝わってくる「悲しさ」について話し合うことを通して、作品の構造と大まかな内容を捉えることができる。

POINT

●各場面の大切な言葉は色チョークを用いて記載する。各場面における「悲しさ」の質の違いが分かりやすくなる。また、「明るい」「暗い」を枠の色を変えて示すことで物語の構造も見えてくる。

●授業の終盤で、それぞれの場面の言葉を「○○○な悲しさ」という一言にまとめることで、「具体⇕抽象」を考える力を付ける。

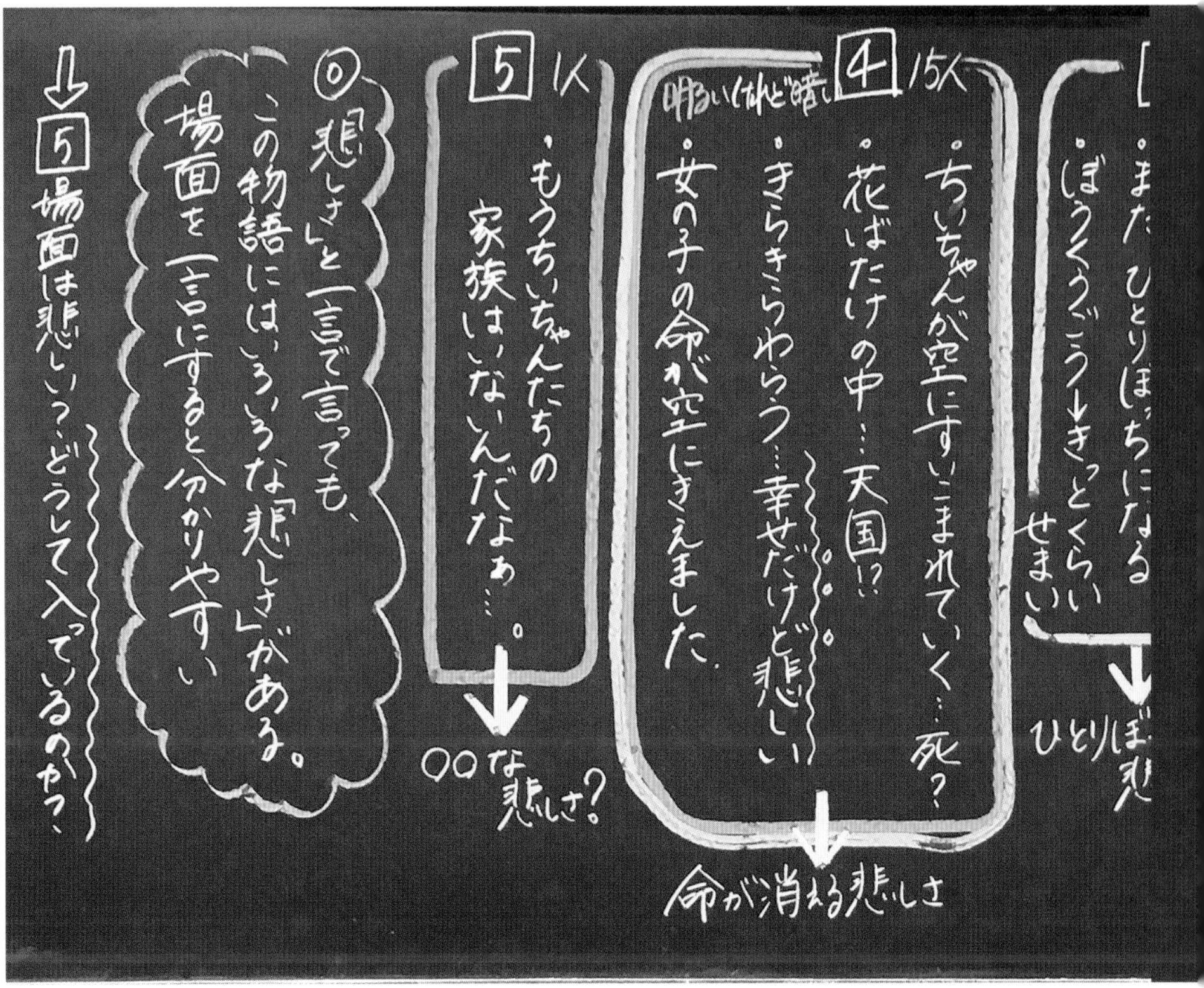
・またひとりぼっちになる
・ぼうくうごう↓きっとくらい
せまい
ひとりぼ
4 15人
明るいけれど暗い
・ちいちゃんが空にすいこまれていく…死?
・花ばたけの中…天国!?
・きらきらわらう…幸せだけど悲しい
・女の子の命が空にきえました。
命が消える悲しさ
5 1人
・もうちいちゃんたちの家族はいないんだなぁ…。
○○な悲しさ?
◎「悲しさ」と一言で言っても、この物語にはいろいろな「悲しさ」がある。
場面を一言にすると分かりやすい
5 場面は悲しい。どうして入っているのか。

授業の流れ

1 最初に黒板に書いておくのは、場面の番号。**各場面がどのような場面だったか、子どもたちとのやり取りの中で一言にまとめる。**学習課題を提示し、自分の立場を明確にした後、その根拠と理由をワークシートに記入させる。

2 人数を確認したら、自由交流を行い、お互いの考えを知る時間をつくる。全体での交流は、場面ごとに意見を一通り聞いた後、比較させ、お互いの発言に対してどのように思うかを発表させる。

3 「悲しさ」と一言で言っても、場面ごとの様子を確認すると、そこには「違い」があることに気付かせたい。

類別型

類別

型 ≫ 初発の感想を一言で表現させ、経験や既有の知識を引き出す。初読の考えを整理する板書。

「時計の時間と心の時間」

（光村図書 6年）

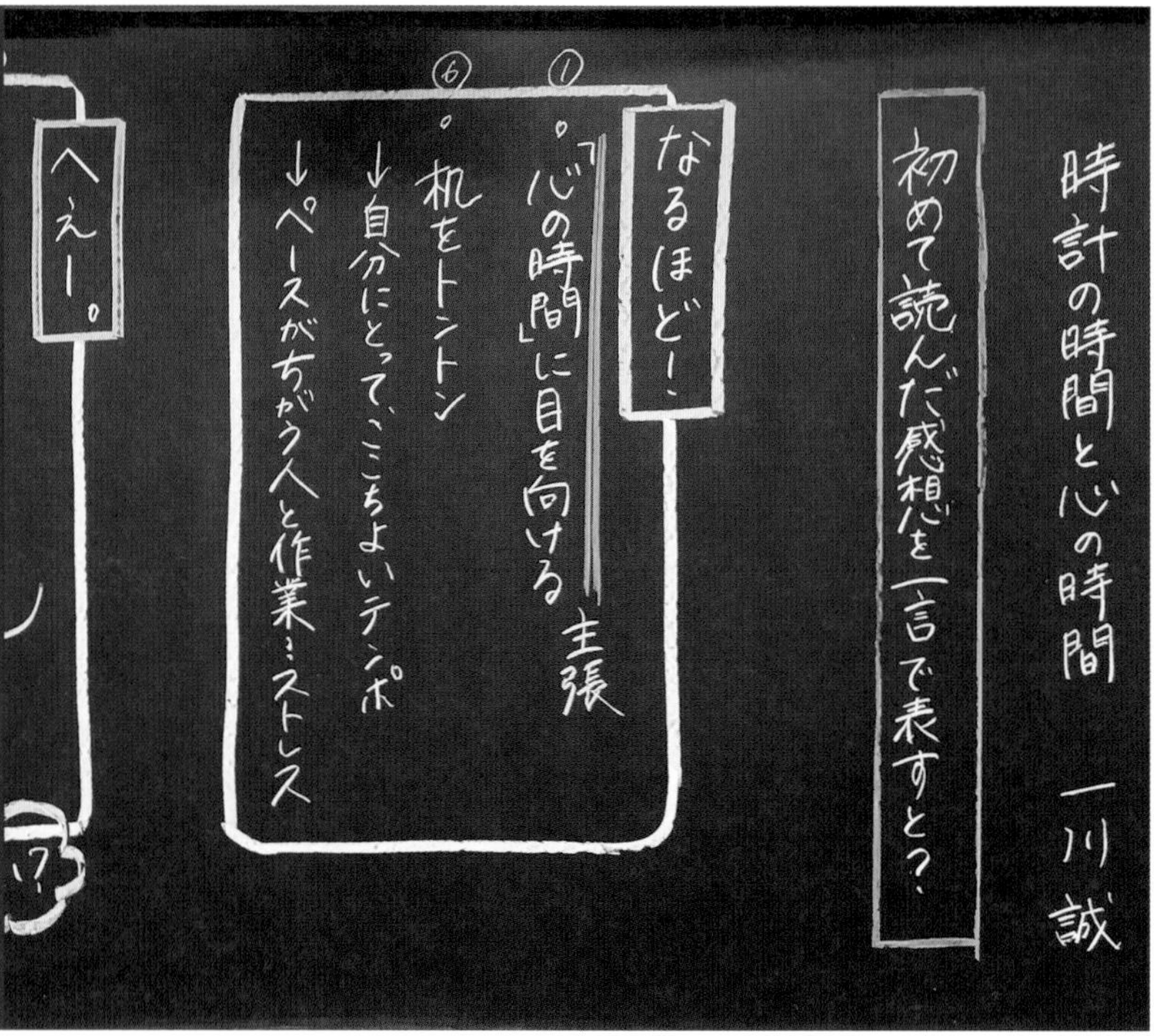

時計の時間と心の時間　一川誠
初めて読んだ感想を一言で表すと？
なるほど！
①「心の時間」に目を向ける
主張
⑥机をトントン
↓自分にとって、ここちよいテンポ
↓ペースがちがう人と作業…ストレス
へえー。

本時のねらい

初発の感想の交流を通して、教材に対する疑問や考えを整理し、今後の学習に向けて見通しをもつことができる。

POINT

- これまでに学んだ説明文の学習用語が出てきた場合は、色チョークを用いて板書する。上の板書では、「主張」「事例」という言葉。
- 吹き出しを使うことで「教科書の言葉」と「子どもたちの感想」を区別して記す。
- いくつかの子どもたちの発言を集約し、今後の学習課題へとつなげる。

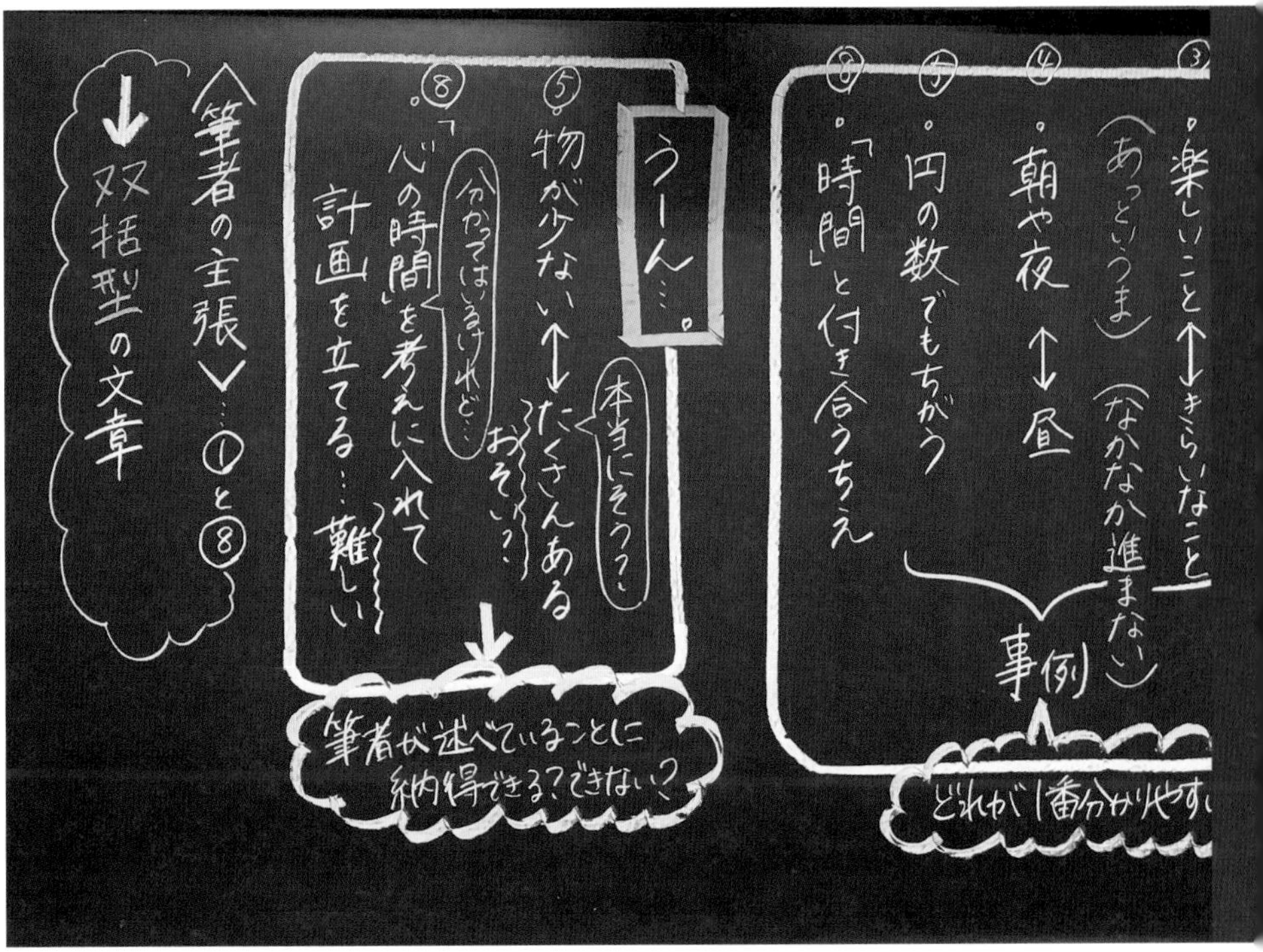

授業の流れ

1 教材文を通読した後、三つの選択肢を板書し、**自分の感想により近いものを一つ選択させる**。その根拠と理由をワークシート（ノート）に記入させる。

2 それぞれの立場の人数を確認後、発表を行う。**子どもたちの具体的な感想と理由を板書**する。発言と結び付けながら、教材内容を整理・確認するとよい。

3 三つの立場の意見が主にどの段落に対するものかを確認し、今後の授業の学習課題になりそうな部分を捉える。また、「筆者の主張」が書かれている段落を捉えることによって「双括型」の文章であることを確認する。

》かたつむりくんとりさんを比較する。「遅い⇕速い」を比べ、「遅いことの効果」に気付かせる板書。

「お手紙」

（光村図書　2年）

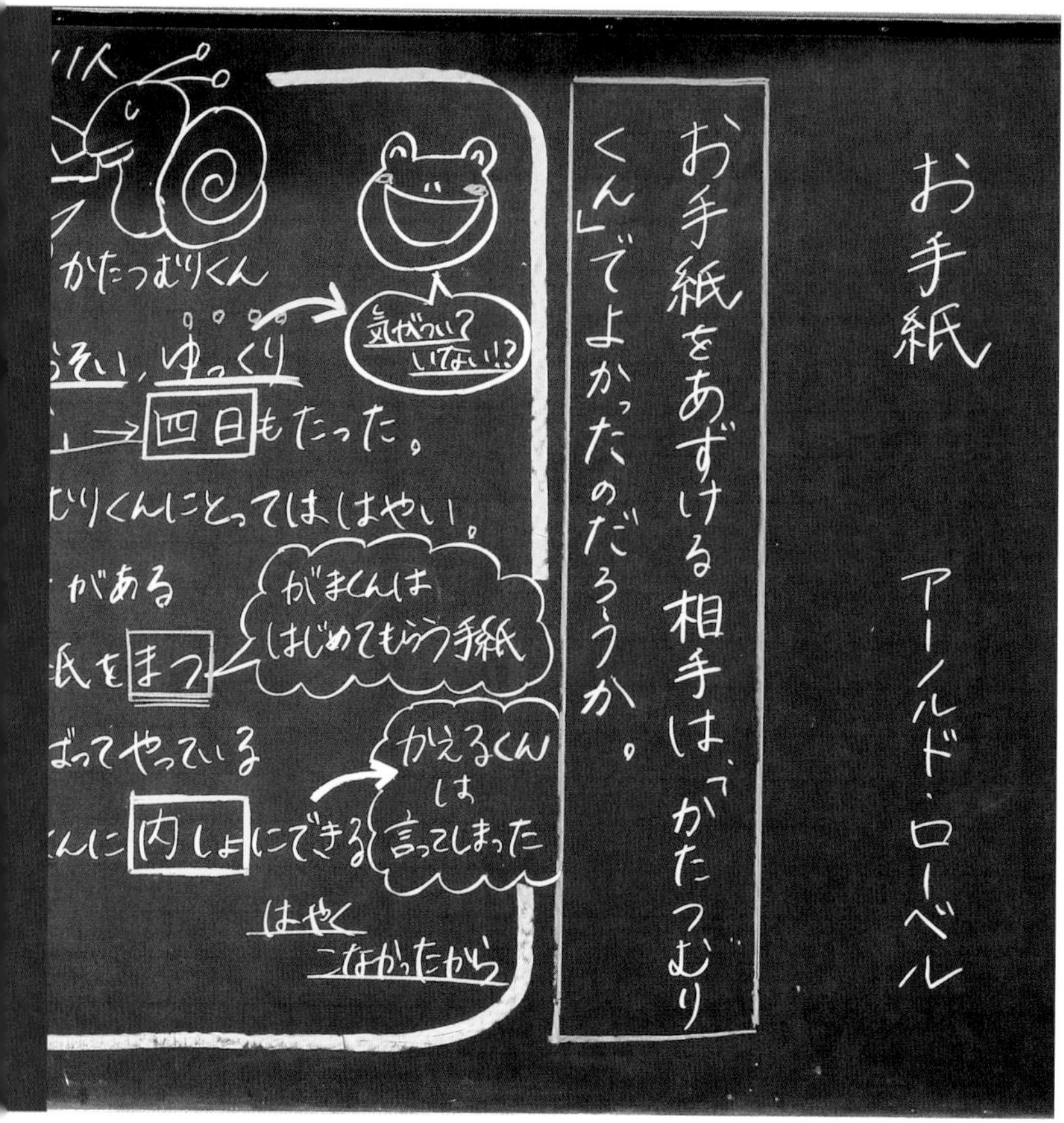
お手紙
アーノルド・ローベル
お手紙をあずける相手は、「かたつむりくん」でよかったのだろうか。
かたつむりくん
気がついていない!?
四日もたった。
がまくんははじめてもらう手紙
かえるくんは言ってしまった
はやくこなかったから

本時のねらい

脇役である「かたつむりくん」の行動について話し合うことを通して、物語のしかけに気付くことができる。

POINT

●左右で対比させながら、「遅い」「速い」の観点は高さを揃えて、矢印でつながりを示す。また、遅いことで生まれた「四日」という時間を強調する。

●今回取り上げた生き物以外についての発言が見られた場合（「かえるくんが直接渡す」等）は、欄外に残しておき、授業終盤に触れて、想像を広げるとよい。

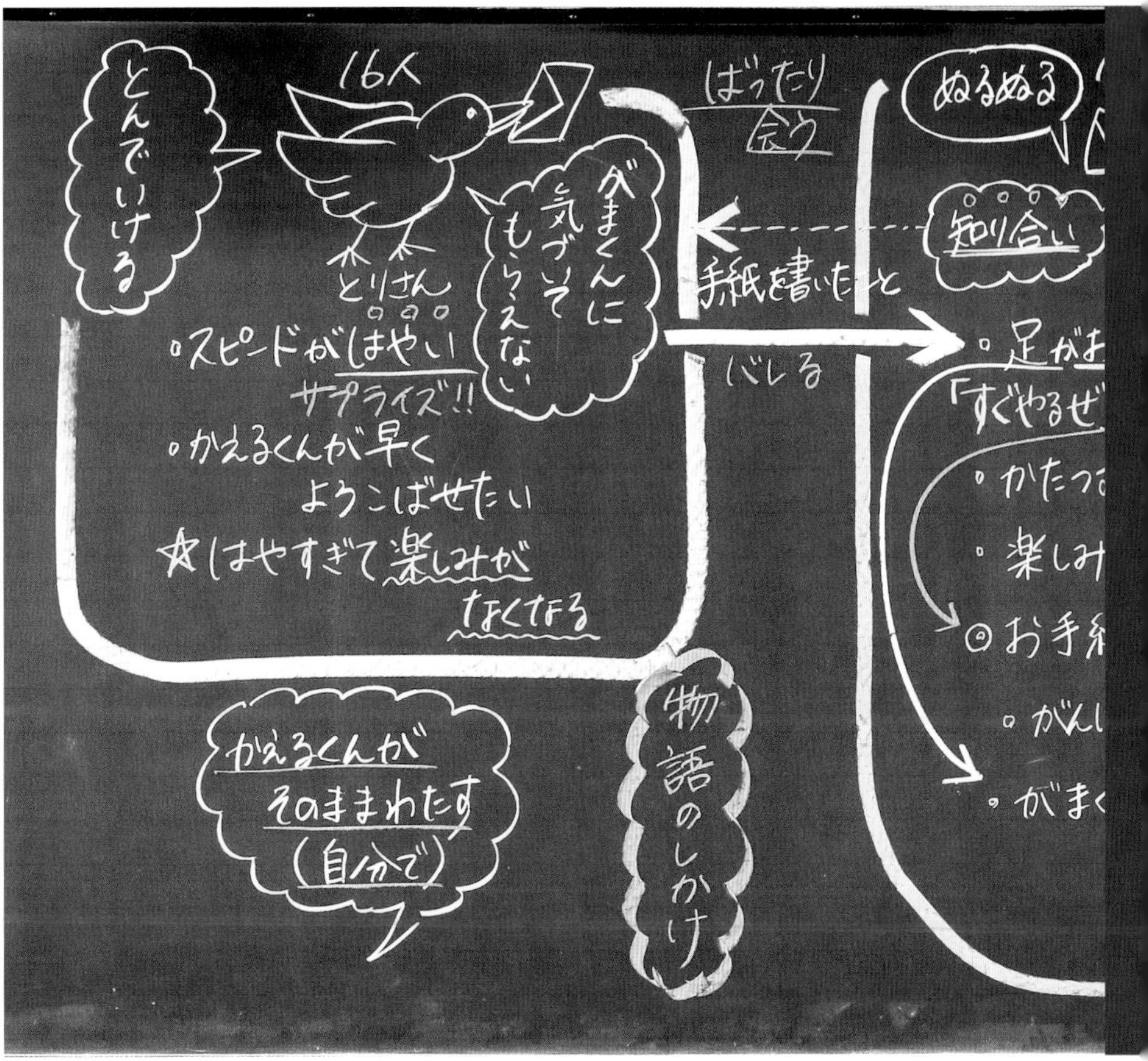
とんでいける
16人
がまくんに気づいてもらえない
とりさん
・スピードがはやい
サプライズ!!
・かえるくんが早くようこばせたい
☆はやすぎて楽しみがなくなる
ばったり会う
知り合い
手紙を書いたこと
バレる
かえるくんがそのままわたす(自分で)
物語のしかけ
ぬるぬる
・足がお
「すぐやるぜ
・かたつむ
・楽しみ
・お手紙
・がんし
・がまく

授業の流れ

1 かたつむりくんに手紙を預けた結果、4日もかかってしまった事実を確認し、**「もっと速い生き物に頼んだ方がよかったのでは?」**と問いかける。上記の授業は「とりさん」を選び比較させた。

2 どちらがよいか、それぞれの理由を発表させる。「遅い」「速い」と、それぞれどんな効果が生まれるのかを中心に話し合う。「遅い」からこそ、お手紙を待つ幸せな時間が生まれたことに気付かせる。

3 比較することで見えてきた「物語のしかけ」を学習用語として押さえる。「かえるくん本人が渡す」等の別の意見も発言があれば共有したい。

対比型 ≫ 上下でアップとルーズの特徴を比較することで、違いを明らかにする板書。

「アップとルーズで伝える」（光村図書 4年）

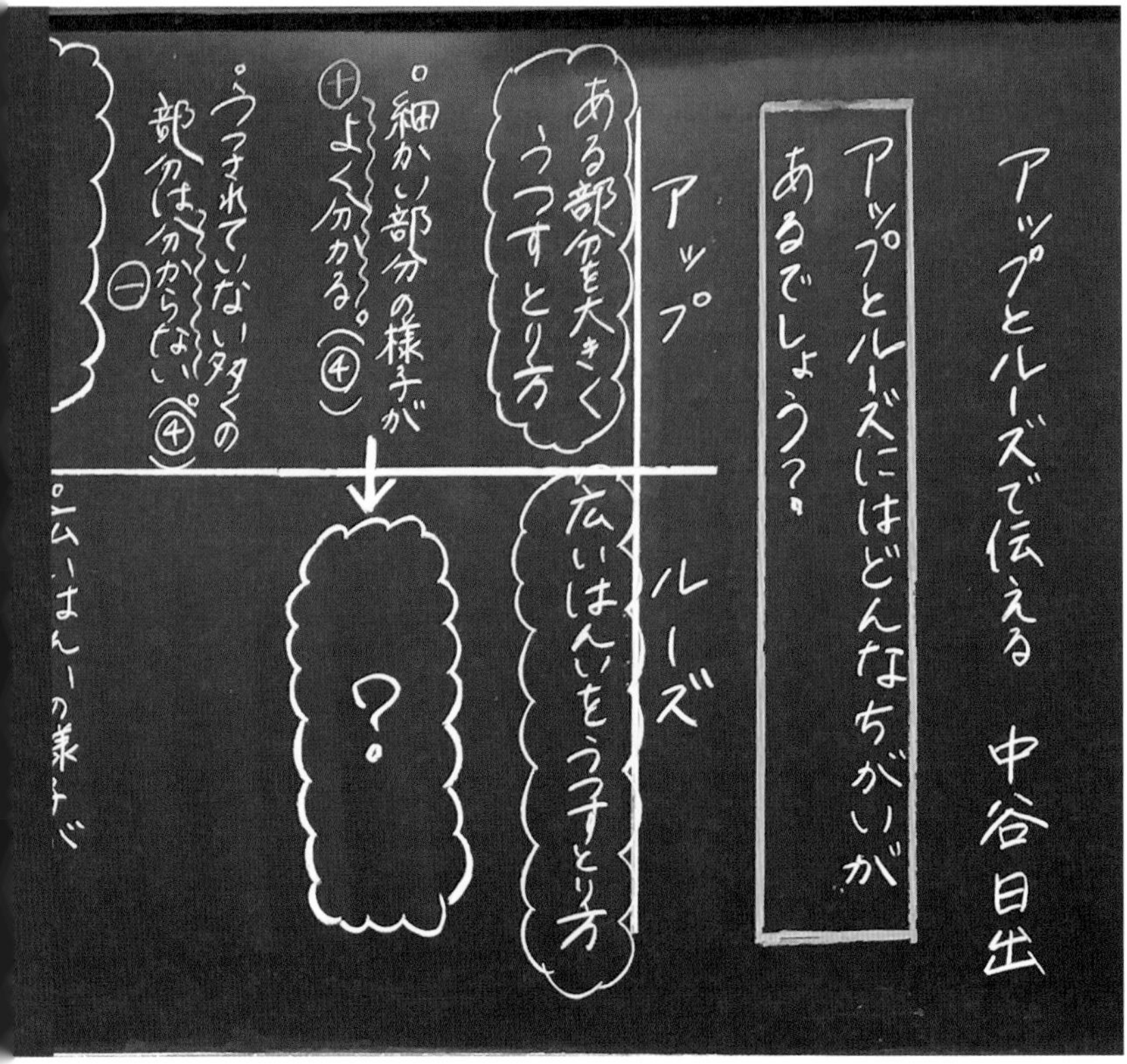
アップとルーズで伝える　中谷日出
アップとルーズにはどんなちがいがあるでしょう？
アップ
ある部分を大きくうつすとり方
ルーズ
広いはんいをうつすとり方
。細かい部分の様子がよく分かる。(4)
。うつされていない多くの部分は分からない(4)
？

本時のねらい

アップとルーズの特徴を比べながら話し合うことを通して、それぞれの違いを捉えることができる。

POINT

● 上下で観点を揃えながら対比させる。それぞれの特徴が何段落に書かれている情報なのかも一緒に記すことで、文章構造を考えることもできる。

● 「アップ」と「ルーズ」の違いがシンプルに分かるように、「部分」と「全体」という言葉を用いてお互いの特徴を整理する。

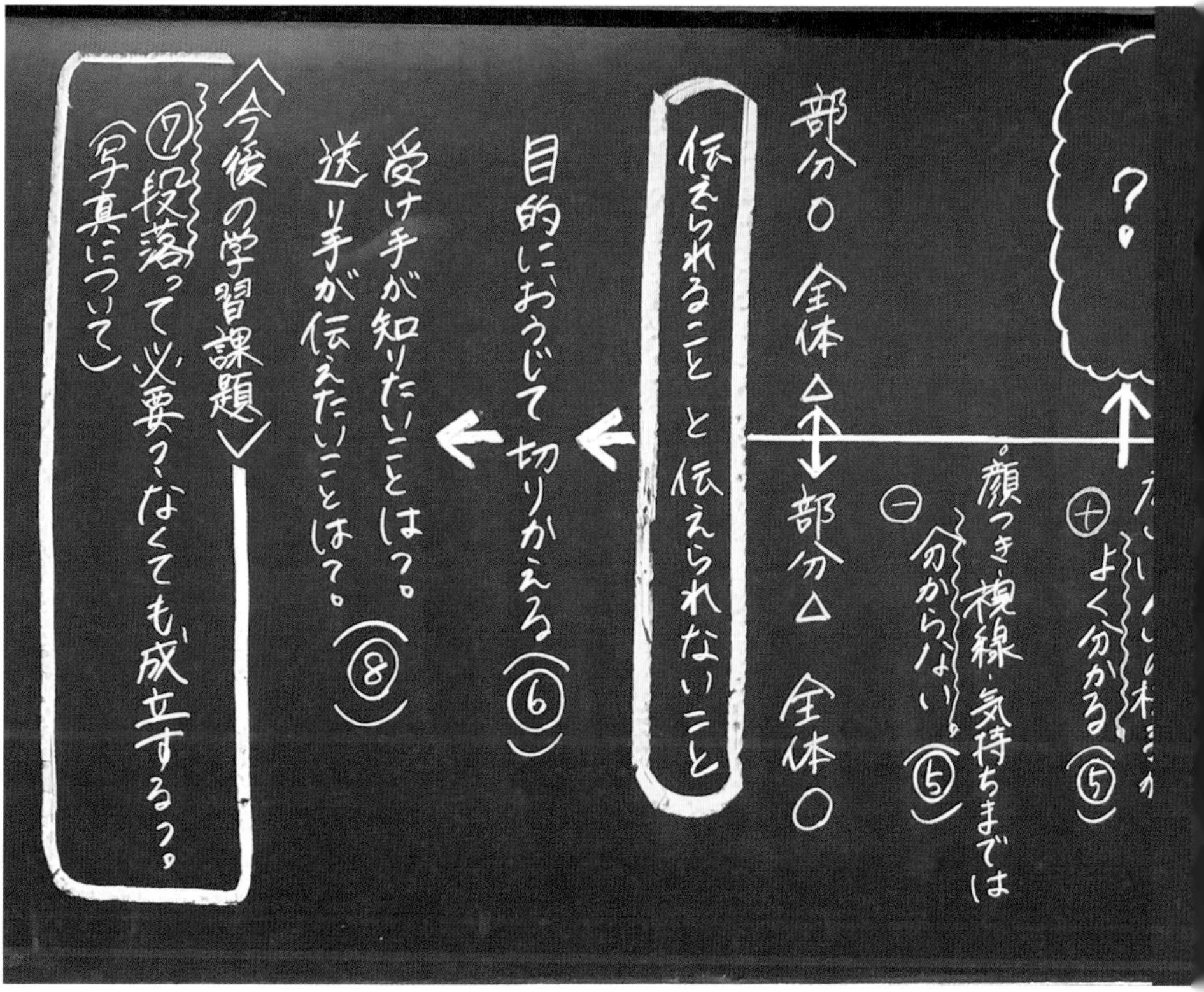

授業の流れ

1 学習課題を提示し、「アップ」の特徴、「ルーズ」の特徴をまとめる担当を決め、考えをノートに記す。それぞれの立場から特徴を発表させ、上下の対比型板書に整理する。

2 「？」マークの部分は直接は書かれていない部分だが、「対比」という関連付けで思考をすると、どんな言葉が入るかが分かる。段落番号やプラスマイナス（メリット、デメリット）を書き加えた上で、「部分」「全体」という視点からシンプルに特徴をまとめる。

3 対比することで明らかになった事柄から、次の学習課題を考える。例えば、上記の**「⑦段落は必要？」**という課題が考えられる。

▼対比型

「想像力のスイッチを入れよう」（光村図書 5年）

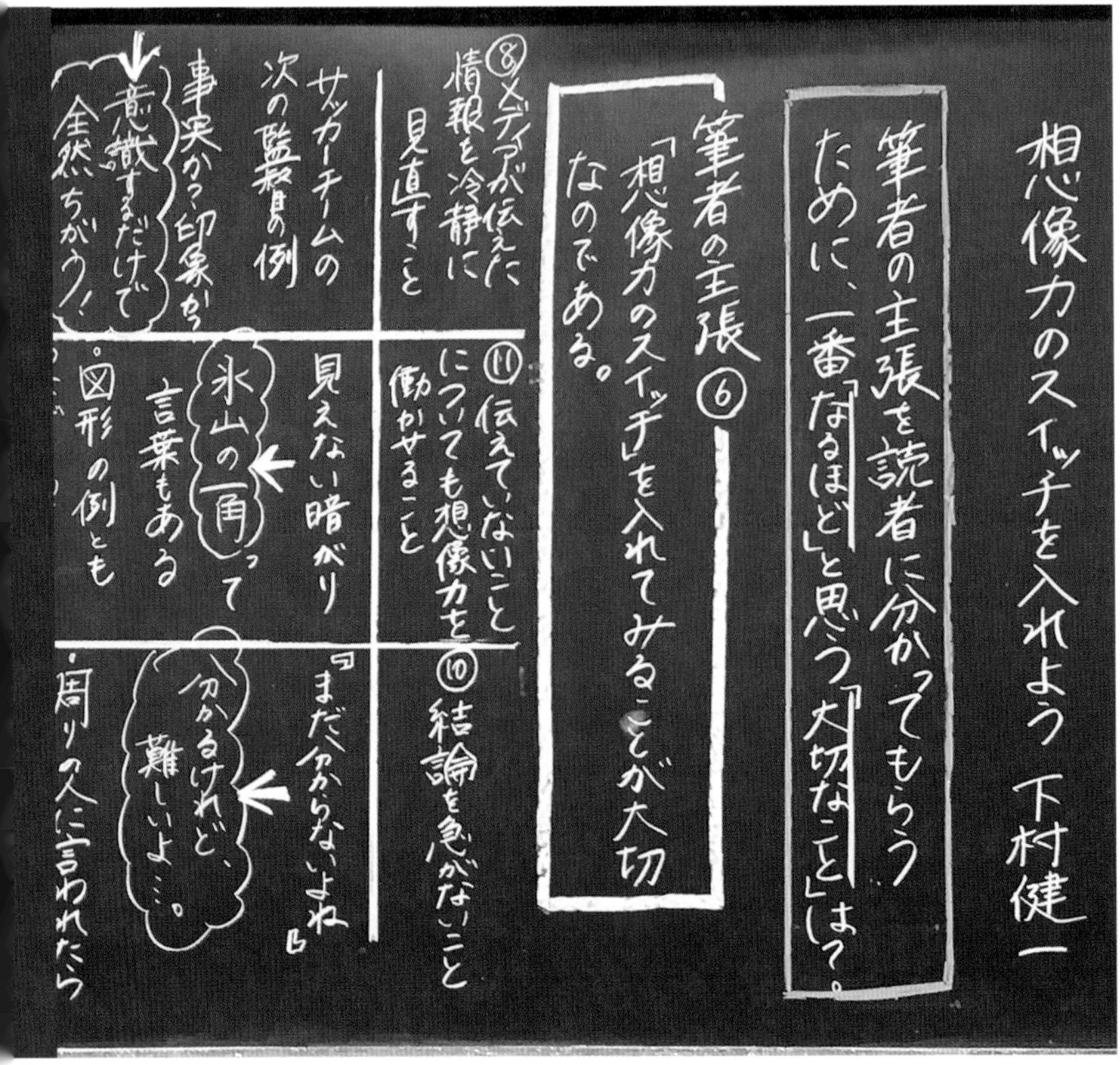
想像力のスイッチを入れよう 下村健一
筆者の主張を読者に分かってもらうために、一番「なるほど」と思う「大切なこと」は？
筆者の主張⑥
「想像力のスイッチ」を入れてみることが大切なのである。
⑧メディアが伝えた情報を冷静に見直すこと
事実か？印象か？
サッカーチームの次の監督の例
意識するだけで全然ちがう！
⑪伝えていないことについても想像力を働かせること
見えない暗がり
氷山の一角って言葉もある
・図形の例とも
⑩結論を急がないこと
『まだ分からないよね』
分かるけれど、難しいよ…。
・周りの人に言われたら

本時のねらい

本文の内容（三つの大切なこと）の比較を通して、筆者の主張とのつながりを整理することができる。

POINT

●本文に書かれている内容に対して、子どもたちがどのように感じたのかが目立つように記す。ここから「筆者の述べていることに納得できるか？」という思考につなげることができる。

●話合いの内容を「筆者の主張」（⑥と⑯）で挟むことで、文章全体の構造も見えるように工夫する。

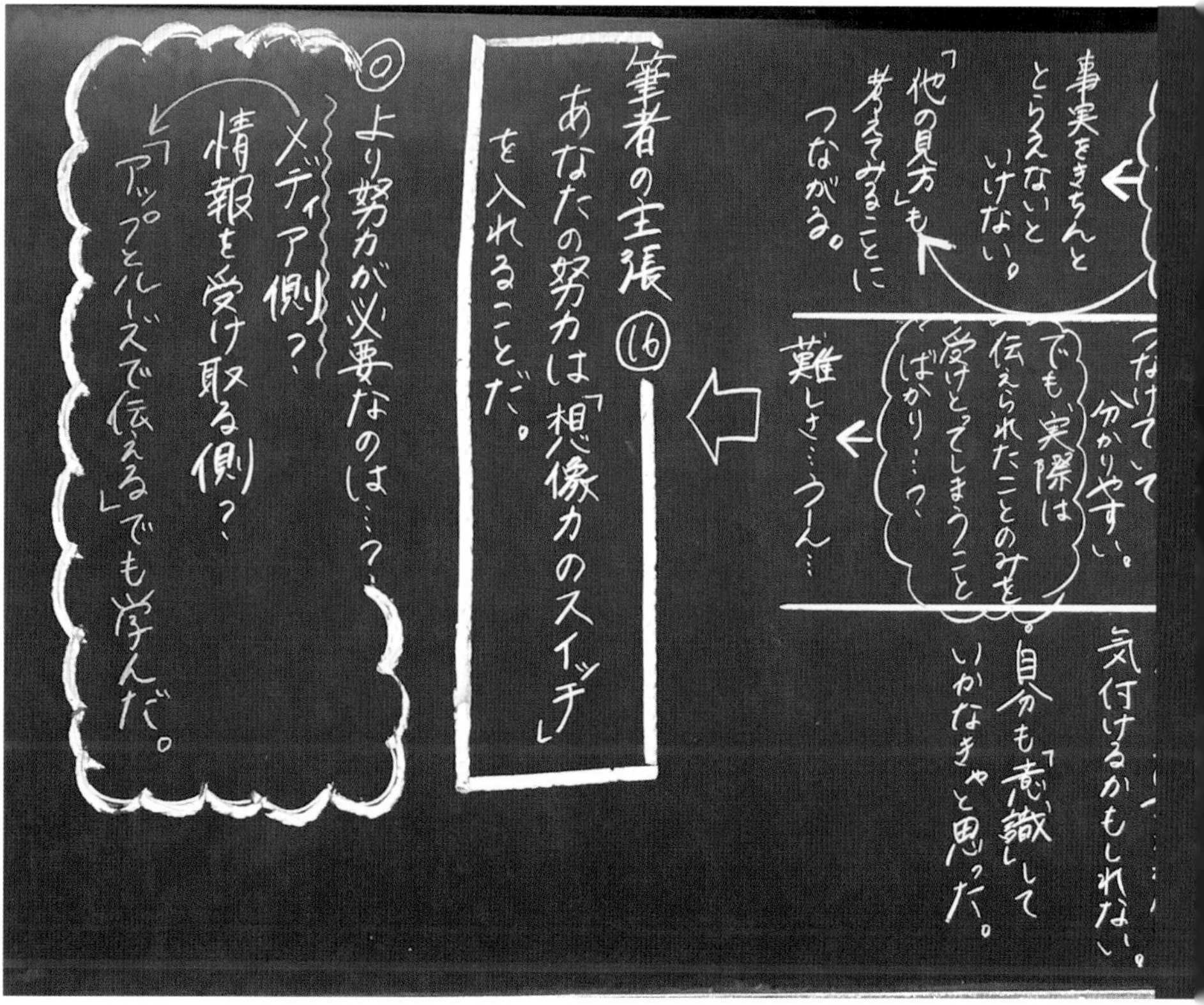
事実をきちんととらえないといけない。
「他の見方」も考えてみることにつながる。
分かりやすい。
でも、実際は伝えられたことのみを受けとってしまうことばかり…？
難しさ…うーん…
気付けるかもしれない。
自分も「意識」していかなきゃと思った。
筆者の主張⑯
あなたの努力は「想像力のスイッチ」を入れることだ。
◎より努力が必要なのは…？
メディア側？
情報を受け取る側？
「アップとルーズで伝える」でも学んだ。

授業の流れ

1 筆者の主張（⑥と⑯段落）を確認した後、**「そのために大切なことを大きく分けて、いくつ述べているか」**を確認する。確認後、学習課題を提示し、自分の立場に対する理由を明確にする。

2 それぞれの立場の考えを発表させ、筆者の述べていることに対する「評価」を中心に板書を行う。本音を引き出すために**「言っていることは分かるけれど、実際は難しいと思うことはある？」**と問うのもよい。

3 筆者の主張は「受け取る側」の努力についてだが、「メディア側」の努力についても考える必要がないか話し合い、次の学習課題につなぐ。

ベン図

型 ≫ ライオンとしまうまを比べることで、共通点と相違点を明らかにしながら、内容を整理する板書。

「どうぶつの赤ちゃん」

（光村図書 1年）

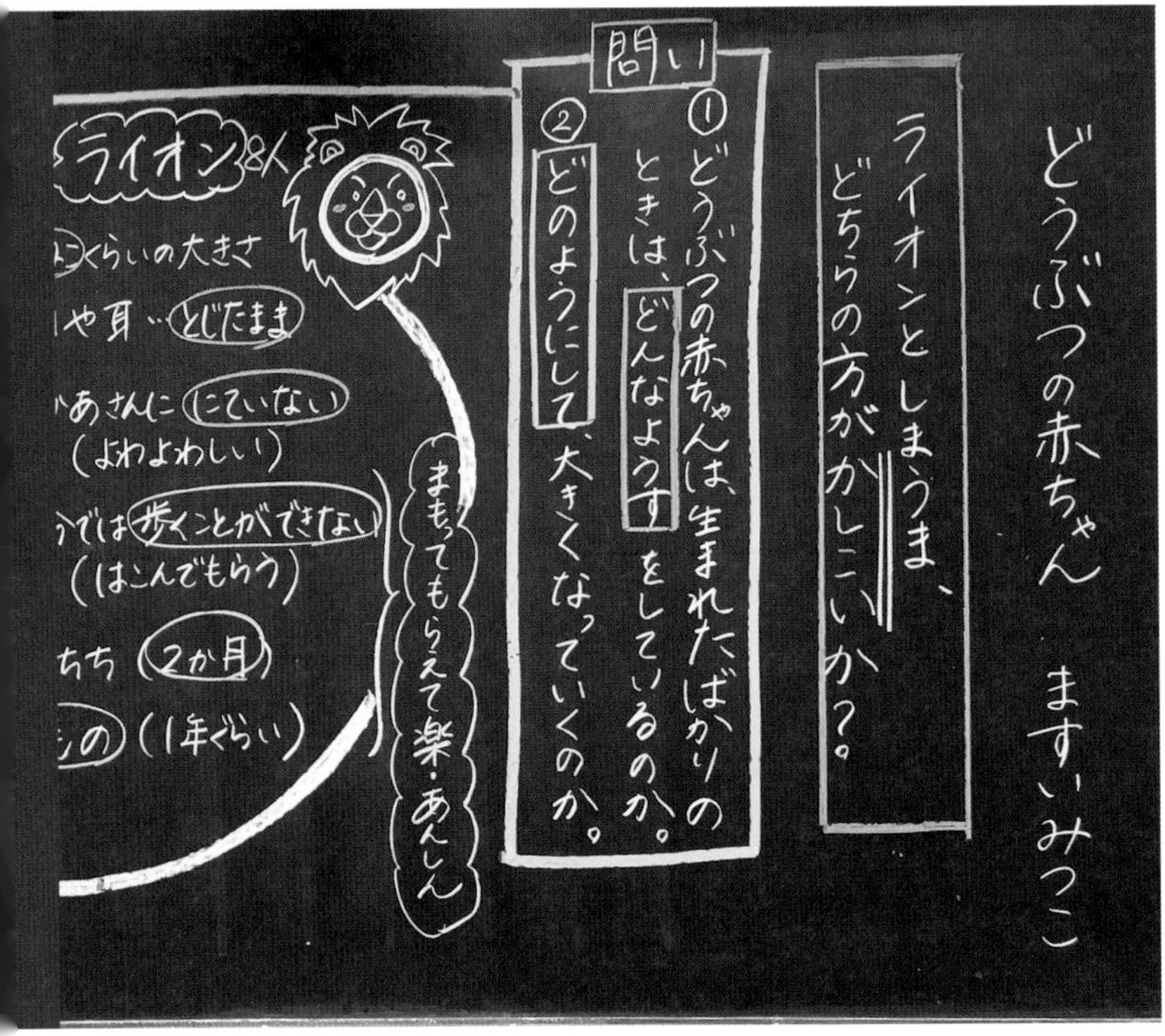
どうぶつの赤ちゃん　ますいみつこ
ライオンとしまうま、どちらの方がかしこいか？
問い
① どうぶつの赤ちゃんは、生まれたばかりのときは、どんなようすをしているのか。
② どのようにして、大きくなっていくのか。
ライオン 8人
くらいの大きさ
や耳…とじたまま
あさんに にていない
（よわよわしい）
では 歩くことができない
（はこんでもらう）
ちち（2か月）
（1年ぐらい）
まもってもらえて楽・あんしん

本時のねらい

ライオンとしまうまの賢さについて比較しながら話し合うことを通して、お互いの相違点と共通点を捉えることができる。

POINT

● 最初はベン図の枠は描かず、左右で観点を揃える形で発言を整理する。「問い」の文と関連付けながら、色チョークを使って「様子と方法」の二つの分類も行うと分かりやすくなる。

● 授業後半でベン図を描き、「空いている部分には何が入ると思う？」と尋ね、共通点に関する思考を促すとよい。

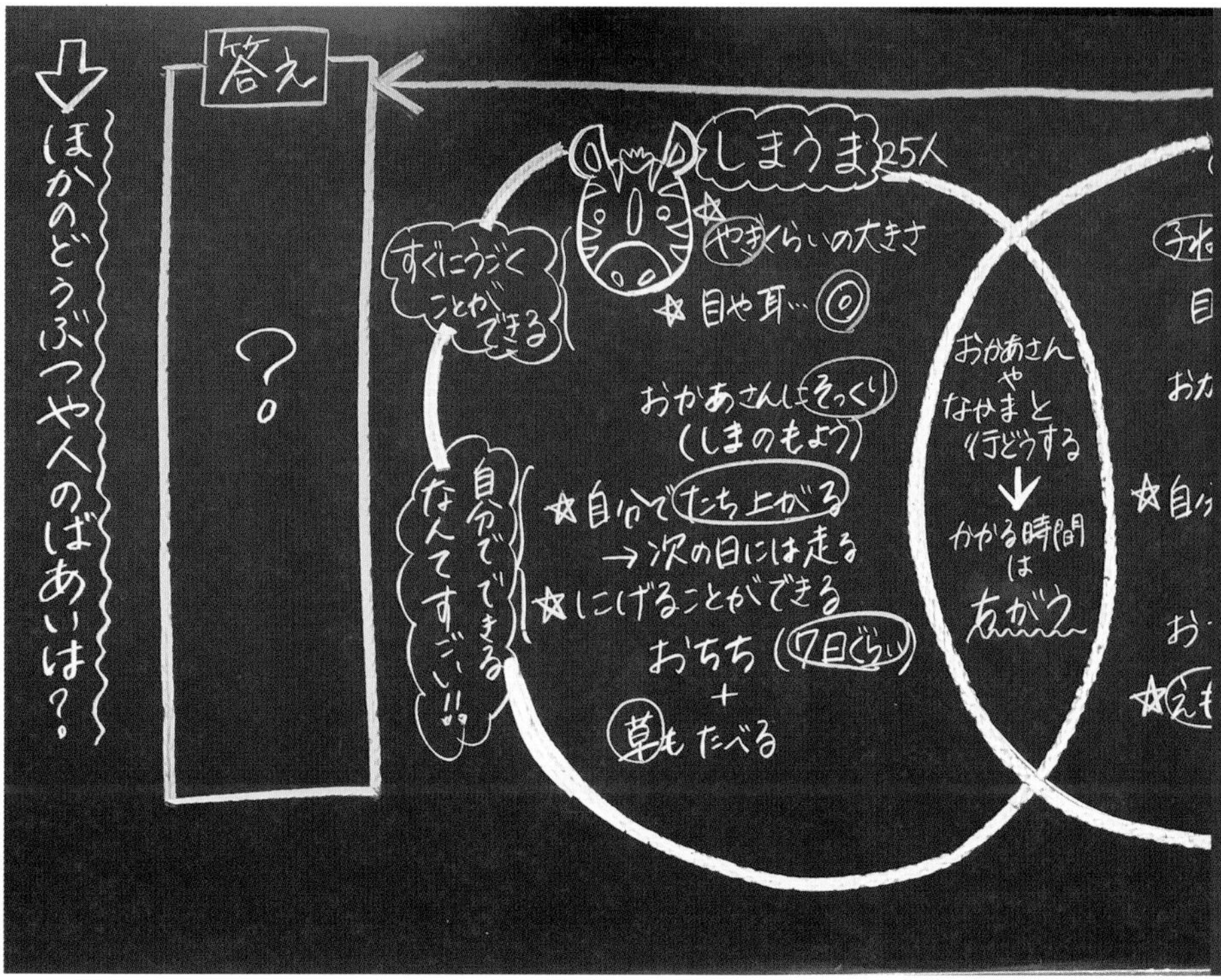
ほかのどうぶつや人のばあいは?。
答え
?。
しまうま25人
やぎくらいの大きさ
目や耳…◎
おかあさんにそっくり
(しまのもよう)
自分でたち上がる
→次の日には走る
にげることができる
おちち(7日ぐらい)
+
草もたべる
すぐにうごくことができる
自分でできるなんてすごい!!
おかあさんやなかまと行どうする
かかる時間はちがう

授業の流れ

1 本文に書かれている「問い」と「答え」の関係を押さえる。学習課題を提示し、「かしこい」という観点から自分の意見を発表させる。

2 子どもたちの発言の中から上記のようなキーワードを板書する。その際、観点を左右で揃えながら書き進める。「かしこい」と考える理由も書く(吹き出し)。「問い」の中にある二つの視点について、子どもたちの発言を色分けする。

3 授業後半で、ベン図の枠を書き加え、真ん中に入る共通点を話し合う。**「他の動物の場合はどうなのかな」**等、次の学習課題につながる考えも共有する。

ベン図

「ごんぎつね」

（光村図書　4年）

型 ≫「ひとりぼっちのさみしさ」を比べることで、相違点と共通点を明らかにすることができる板書。

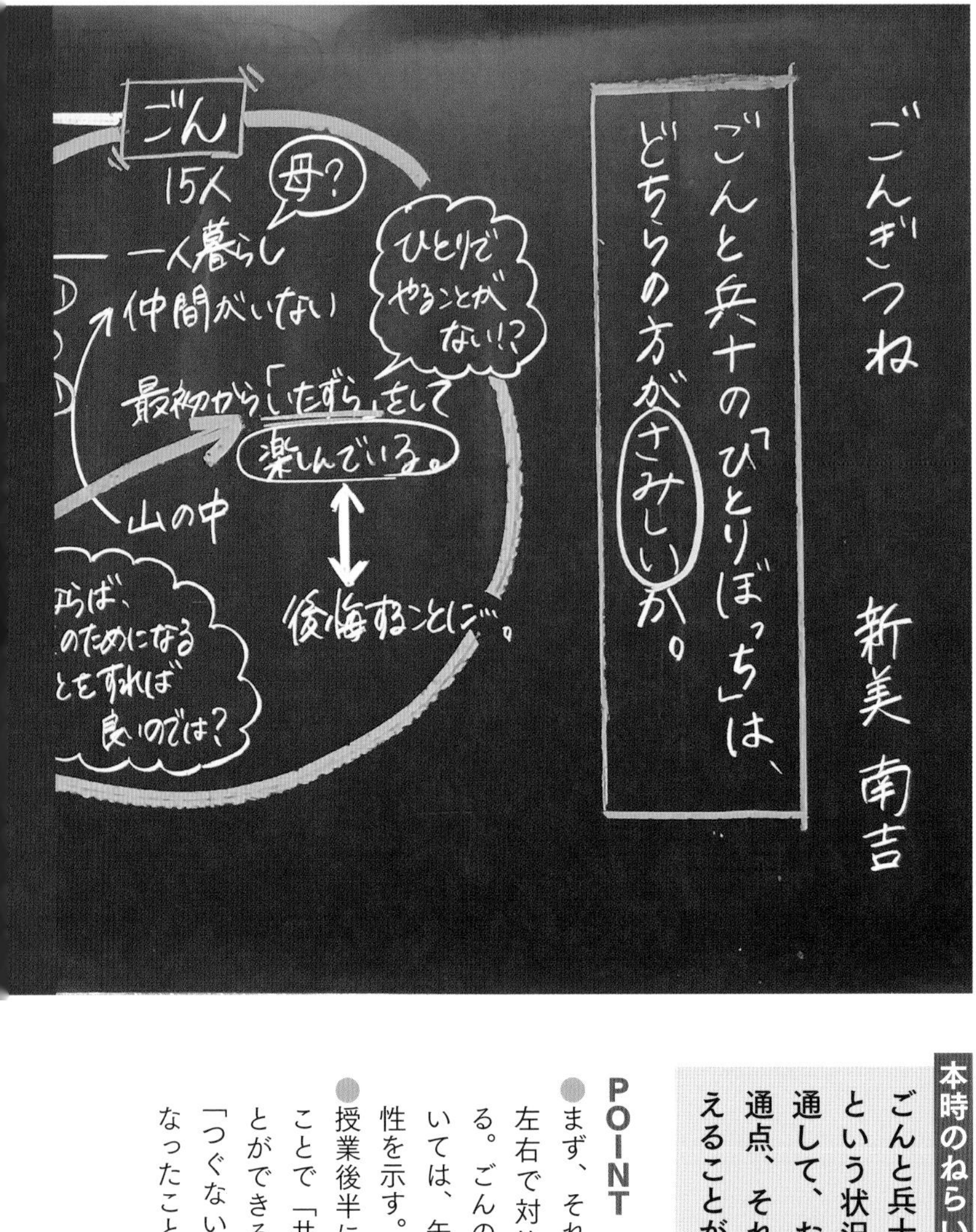

ごんぎつね
新美南吉
ごんと兵十の「ひとりぼっち」は、どちらの方がさみしいか。
ごん
15人
母？
一人暮らし
仲間がいない
ひとりでやることがない!?
最初から「いたずら」をして楽しんでいる。
山の中
後悔することに。

本時のねらい

ごんと兵十の「ひとりぼっち」という状況を比較することを通して、お互いの相違点や共通点、それぞれの人物像を捉えることができる。

POINT

●まず、それぞれの「さみしさ」を左右で対比できるように整理する。ごんの兵十に対する思いについては、矢印を伸ばすことで関係性を示す。

●授業後半にベン図の枠を描き込むことで「共通点」に着目させることができる。その共通点がごんの「つぐない」の行動のきっかけになったことに気付かせたい。

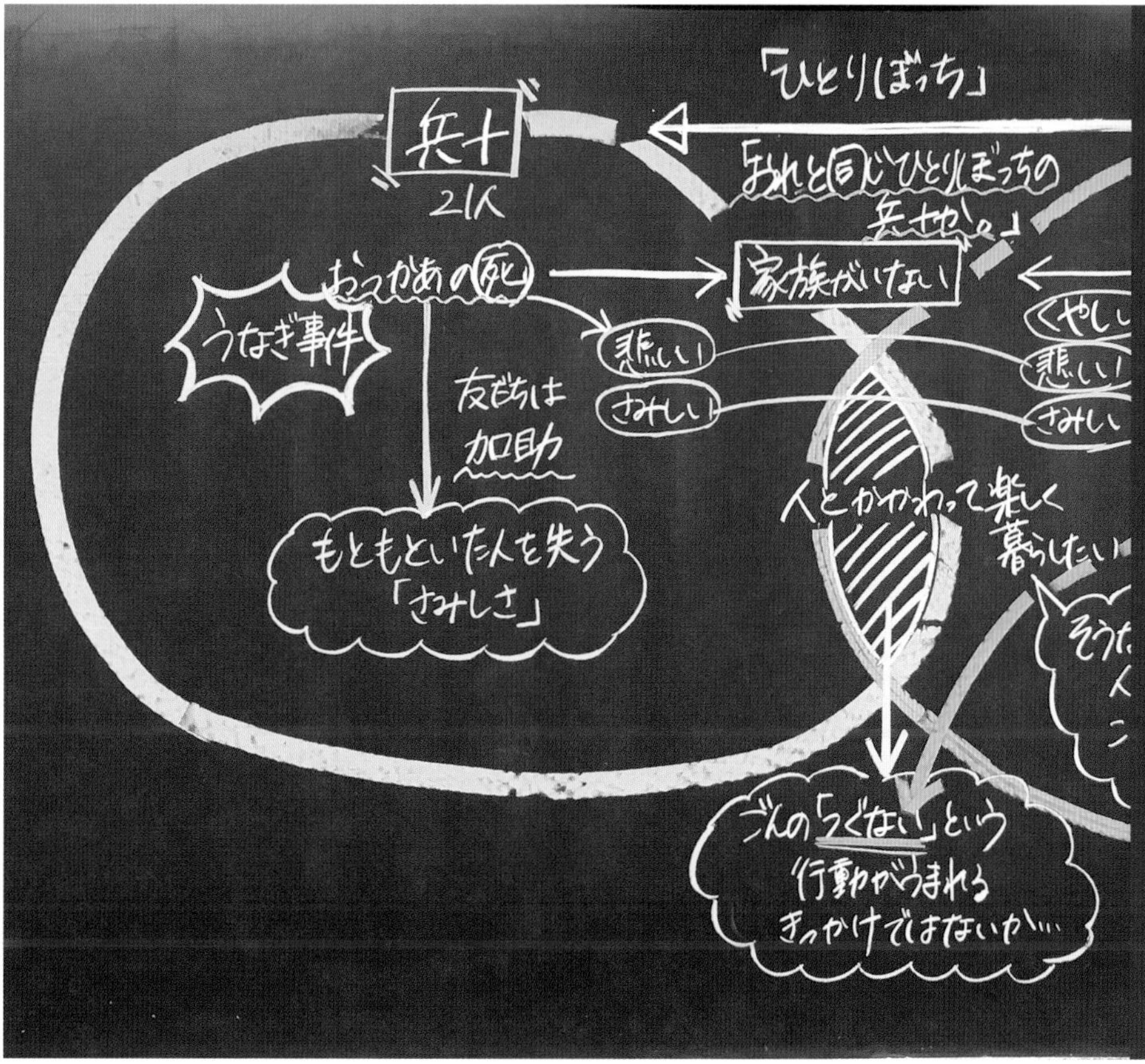
「ひとりぼっち」
兵十
2人
「おれと同じひとりぼっちの兵十か。」
おっかあの死
家族がいない
うなぎ事件
悲しい
さみしい
くやしい
悲しい
さみしい
友だちは加助
もともといた人を失う「さみしさ」
人とかかわって楽しく暮らしたい
ごんの「つぐない」という行動が生まれるきっかけではないか…

授業の流れ

1 ごんと兵十は二人とも「ひとりぼっち」であることを確認し、**「どちらの方がさみしいか」**という学習課題を提示する。自分の立場を決め、その理由を明確にさせる。

2 最初は左右で観点を揃えながら、「対比型」を意識した板書で整理する。お互いの「さみしさ」を十分に整理できたところで、ベン図の枠を描き込み、共通点に着目させる。

3 自分（ごん）との共通点がきっかけとなり、ごんの「つぐない」が始まったことを確認する。ベン図を用いて明らかになったことを整理し、ベン図型板書を用いた思考の効果を実感させる。

ベン図型 》五月と十二月を「不思議」という視点から比較することで、相違点と共通点を明らかにできる板書。

「やまなし」

（光村図書 6年）

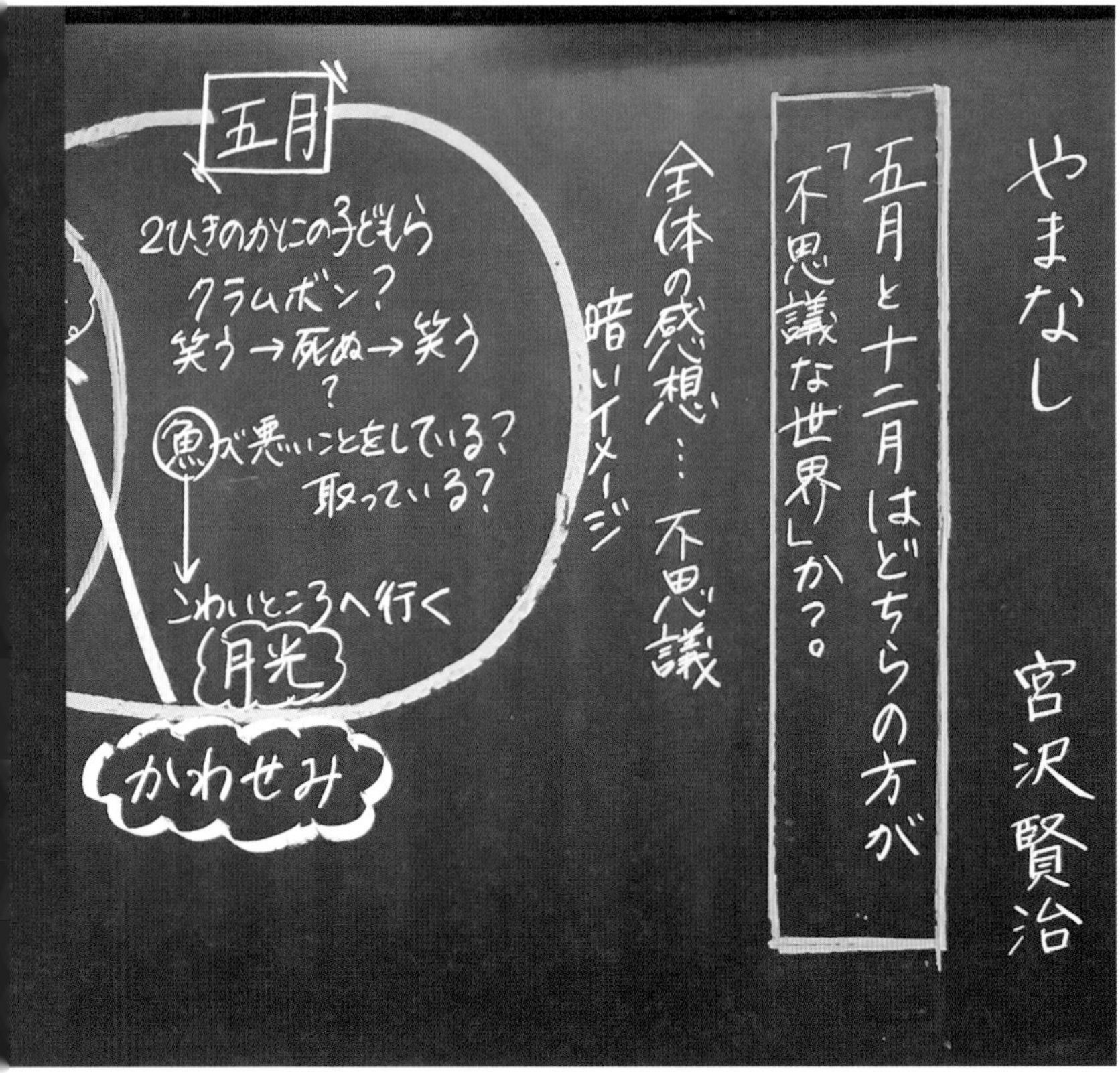
やまなし
宮沢賢治
五月と十二月はどちらの方が「不思議な世界」か？。
全体の感想…不思議
暗いイメージ
五月
2ひきのかにの子どもら
クラムボン？
笑う→死ぬ→笑う
？
魚が悪いことをしている？
取っている？
こわいところへ行く
月光
かわせみ

本時のねらい

五月と十二月の印象を比較しながら話し合うことを通して、相違点や共通点を捉えることができる。

POINT

●対比関係がシンプルに分かるように、観点を揃えて板書する。色チョークで分類することも効果的である。それぞれの場面を印象付ける「かわせみ」と「やまなし」は文字の大きさを変え、目立たせる。

●矢印を効果的に使うことで思考のつながりを意識させ、共通点から次時の学習課題につなげる。

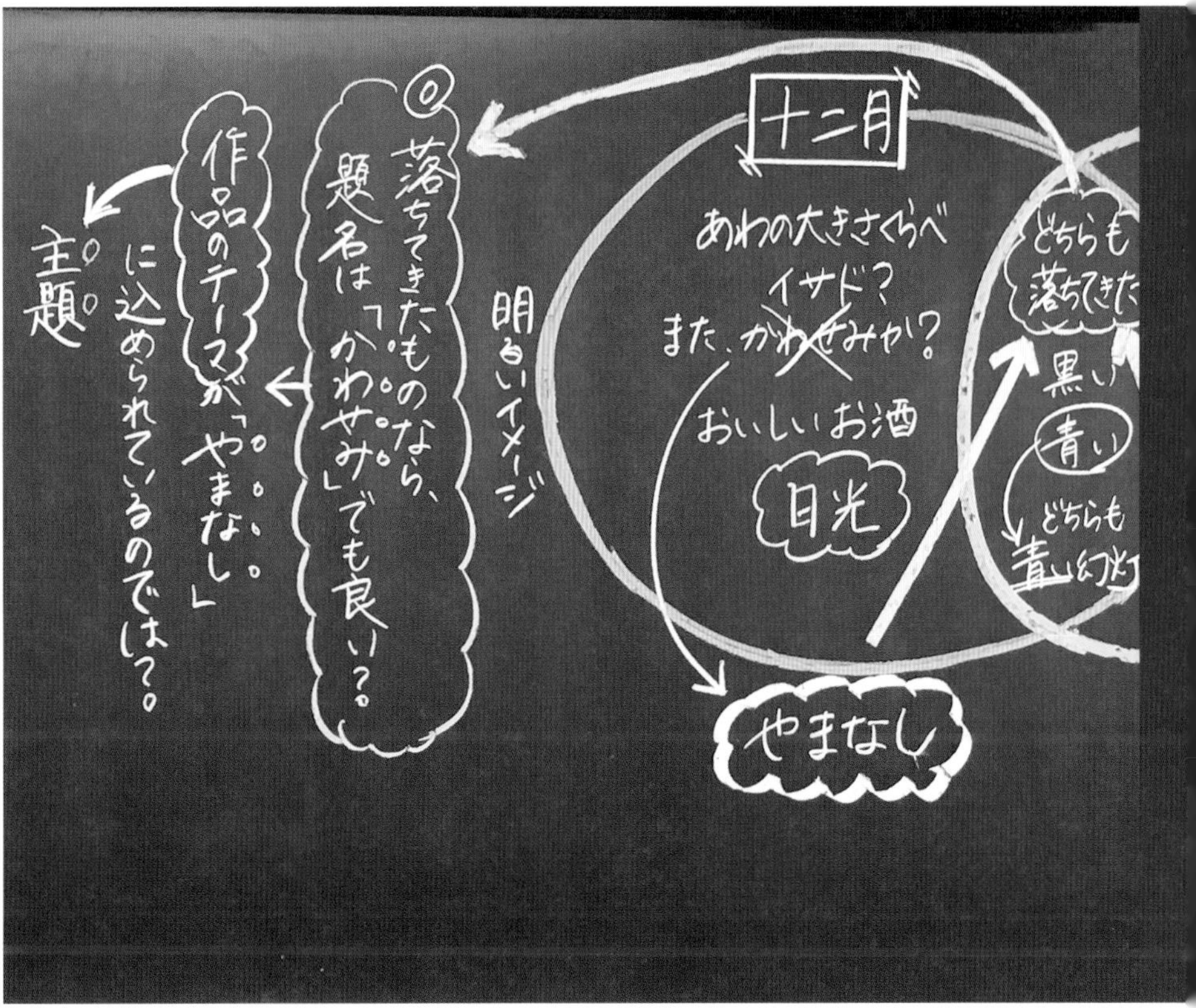
十二月
あわの大きさくらべ
イサド？
また、かわせみか？
おいしいお酒
日光
やまなし
どちらも
落ちてきた
黒い
青い
どちらも
青い幻灯
明るいイメージ
◎落ちてきたものなら、題名は「かわせみ」でも良い？
作品のテーマが「やまなし」に込められているのでは？
主題

授業の流れ

1 物語全体の感想を話し、「不思議だった」という感想を引き出す。学習課題を提示し、自分の立場・理由を明確にさせる。

2 それぞれの立場の考えを発表させ、板書に「対比関係」を意識しながら整理する。授業後半で、ベン図の枠を描き込み、共通点についても考えさせる。

3 それぞれの場面を大きく印象付けた「かわせみ」と「やまなし」に注目させ、「落ちてきたもの」という共通点から**「題名は『かわせみ』でもいいのでは？」**とゆさぶりをかける。題名の効果を考えることで、次時に主題に迫るという学習課題を引き出す。

型 ≫ 構造と内容を結び付けながら思考することで、「具体⇔抽象」を捉えることができる板書。

「言葉で遊ぼう」

（光村図書 3年）

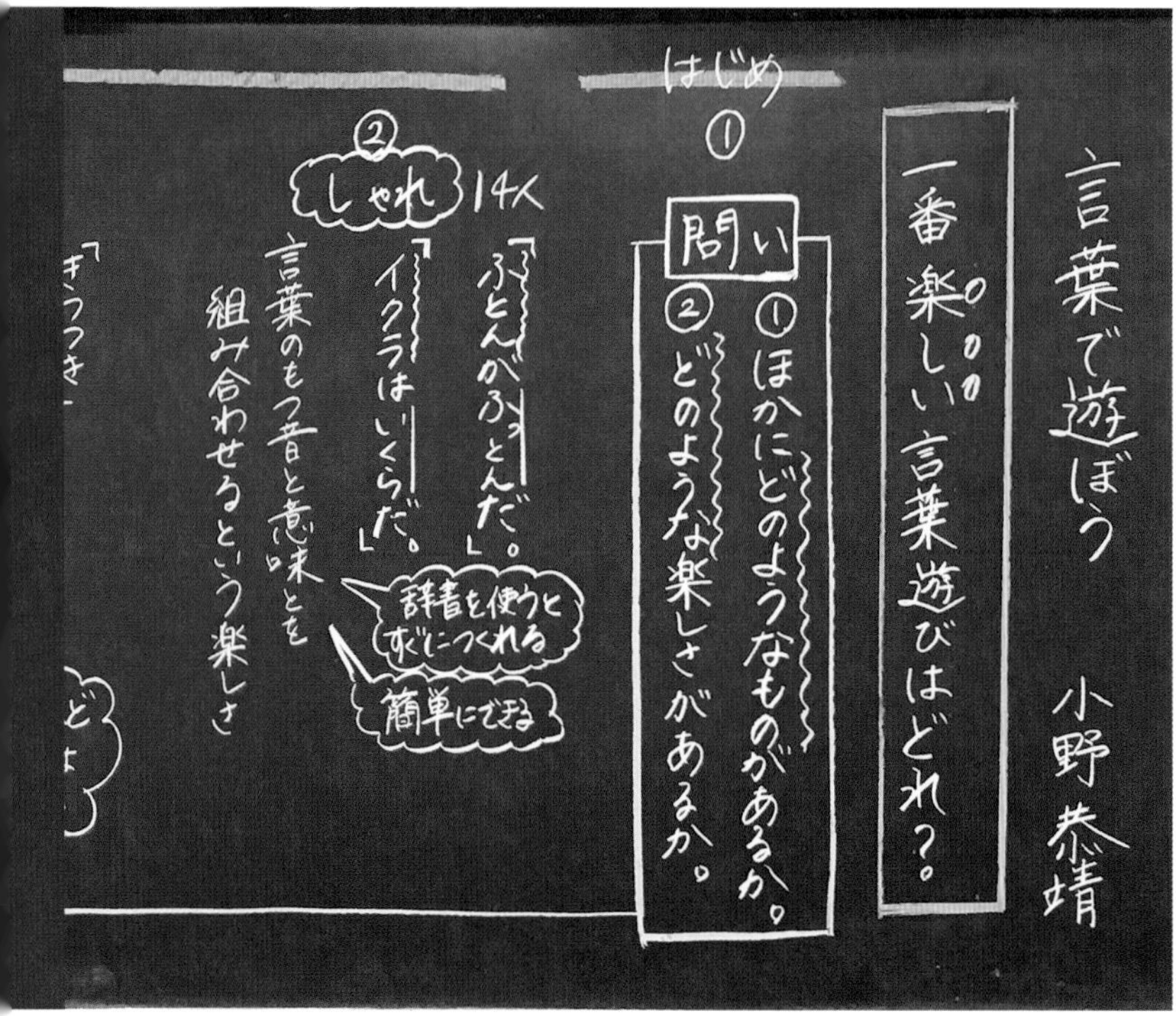
言葉で遊ぼう
小野恭靖
一番楽しい言葉遊びはどれ？
はじめ
①
問い
①ほかにどのようなものがあるか。
②どのような楽しさがあるか。
②
しゃれ 14人
「ふとんがふっとんだ。」
「イクラはいくらだ。」
言葉のもつ音と意味とを組み合わせるという楽しさ
辞書を使うとすぐにつくれる
簡単にできる

本時のねらい

事例に紹介されている三つの言葉遊びの比較を通して、「具体⇔抽象」の関係を意識しながら作品全体の構造を捉えることができる。

POINT

- それぞれの事例のもつ「楽しさ」は、色チョークを用いて強調する。吹き出しを用いることで、事実に対する「考え」を区別して表記する。
- 「問いと答え」のつながりを線を用いて示すことで、「はじめ・中・おわり」の構造を意識して文章全体を捉えることができるようにする。

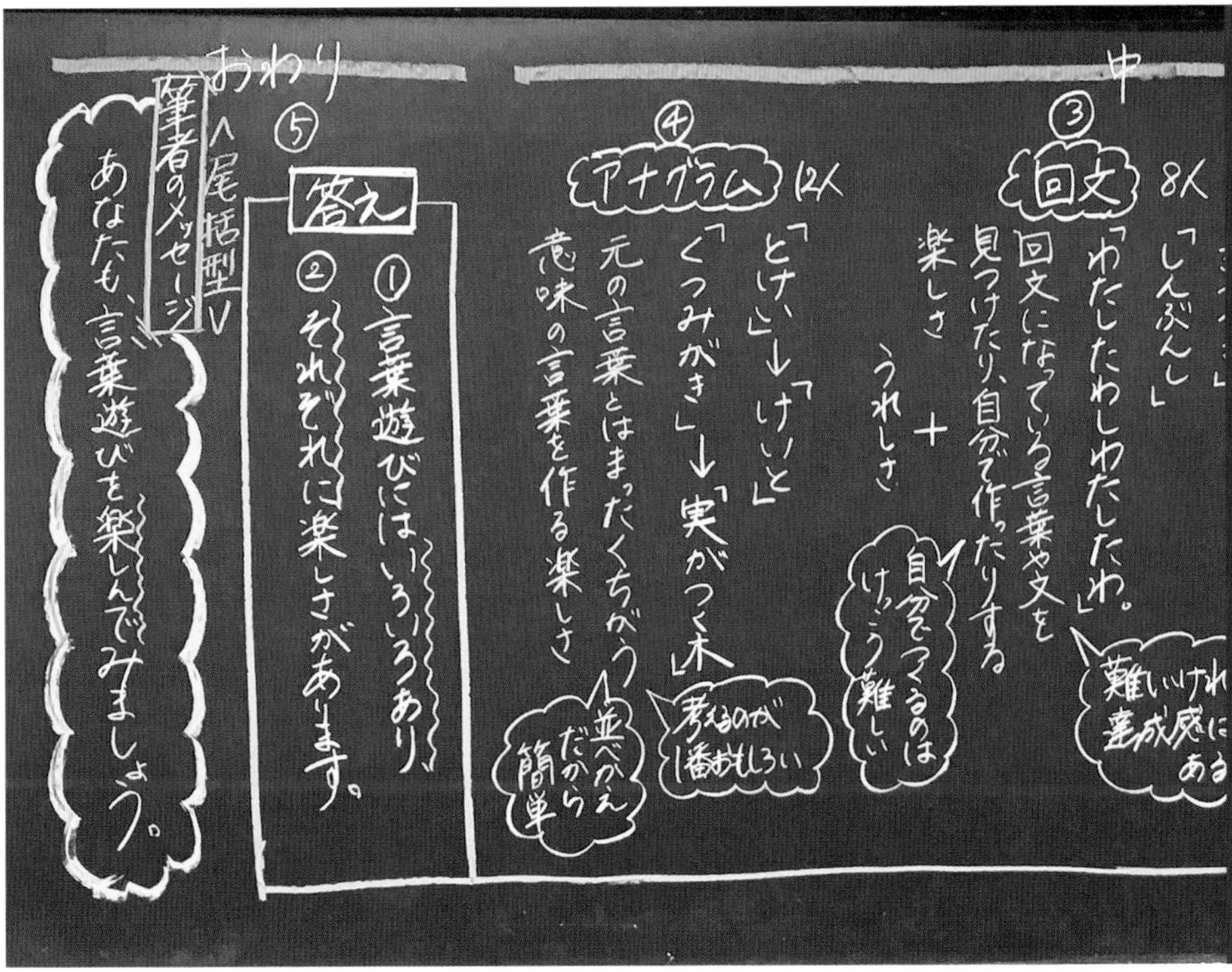
中
③
回文 8人
「しんぶんし」
「わたしたわしわたしたわ。」
回文になっている言葉や文を見つけたり、自分で作ったりする楽しさ
＋
うれしさ
自分でつくるのはけっこう難しい
④
アナグラム 12人
「とけい」→「けいと」
「くつみがき」→「実がつく木」
元の言葉とはまったくちがう意味の言葉を作る楽しさ
考えるのが1番おもしろい
並べかえだから簡単
おわり
⑤
答え
①言葉遊びにはいろいろあり
②それぞれに楽しさがあります。
＜尾括型＞
筆者のメッセージ
あなたも、言葉遊びを楽しんでみましょう。

授業の流れ

1 **「問いと答え」の関係を確認し、「はじめ」と「おわり」の部分を結び付ける。**抽象的な言葉は、どこに説明されているかを問い、「中」で紹介されている事例に着目させ、学習課題を提示する。

2 学習課題に対する自分の立場を明確にし、人数を確認した後、理由を発表させる。

3 三つの事例がもつ「楽しさ」を整理しながら、それぞれがもっている特長を引き出す。教科書に書かれている文章はもちろん、読者としてそれらに対してどのように感じているのかという考えも十分に引き出したい。

構造埋め込み型 ≫ ファンタジーの構造を確認することで、作品全体を俯瞰しながら思考できる板書。

「白いぼうし」

（光村図書 4年）

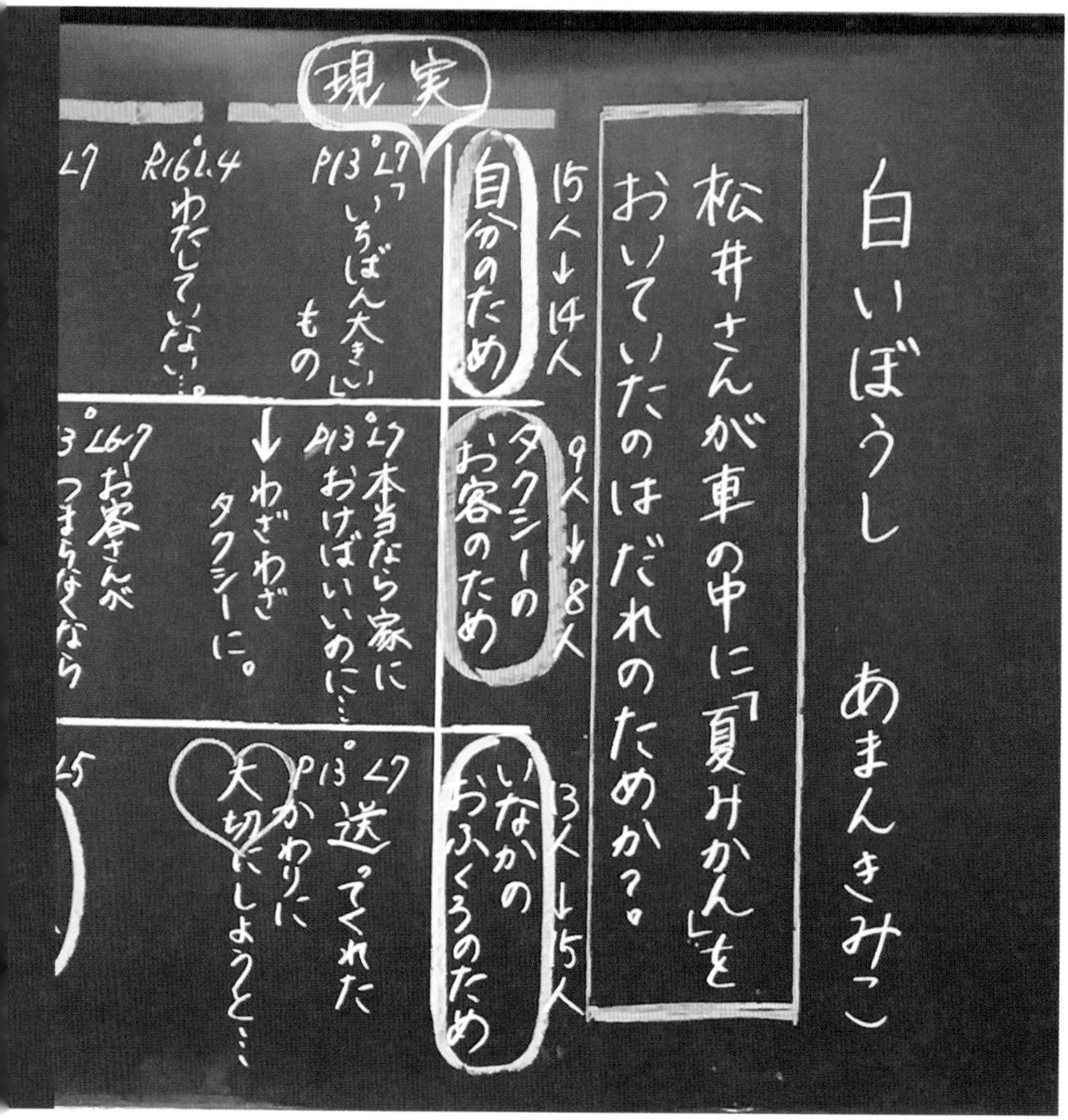

本時のねらい

松井さんが「夏みかん」に込めた思いを考えることを通して、作品前半における物語のしかけを捉えることができる。

POINT

- 板書上段にファンタジー構造を示すことで、本時の学習がどの部分に焦点を当てた授業であるかを意識させながら学習に取り組ませることができる。
- 三つの立場が比較できるように「対比型」の板書と組み合わせることで「共通点」も明らかにすることができる。色チョークを用いることで強調するとよい。

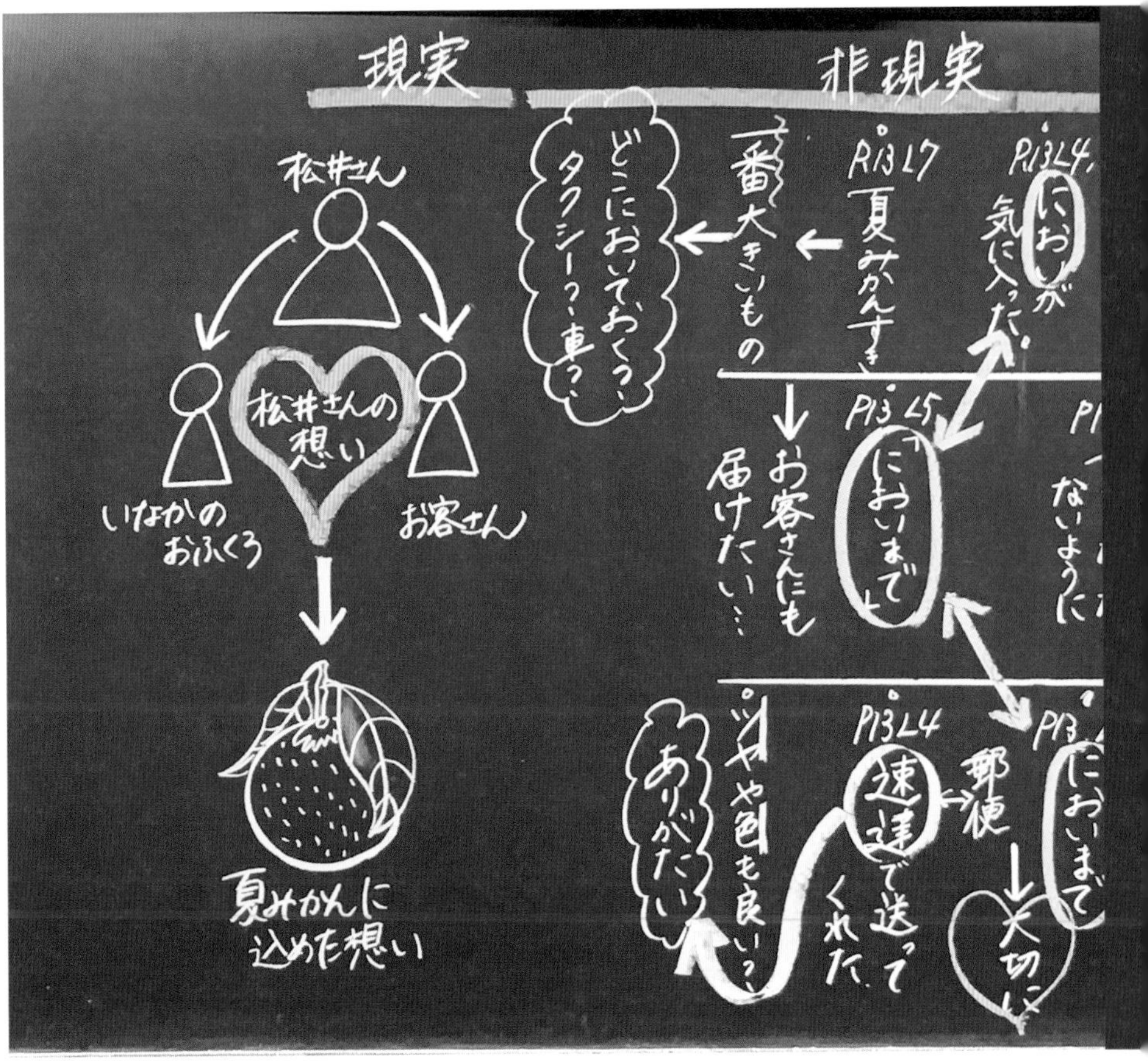

授業の流れ

1 前時までの学習を振り返りながら、作品の構造を確認する。学習課題を提示し、自分の考えをノートに記入させる。

2 三つの立場を選択した理由を発表させ、松井さんが「夏みかん」に込めた思いを明らかにしていく。子どもたちの発言でくり返し出てくる**「キーワード」を中心に共通点を見付けることで松井さんが大切にしていた思い**に迫る。

3 松井さんと他の登場人物との関係性を図にまとめながら本時の学習を振り返る。作品のしかけである「夏みかん」がどのような役割をもっているのかを話し合う。

型》文章構造と「具体⇔抽象」の関係を結び付けることで、筆者の主張をより理解できる板書。

「見立てる」

（光村図書　5年）

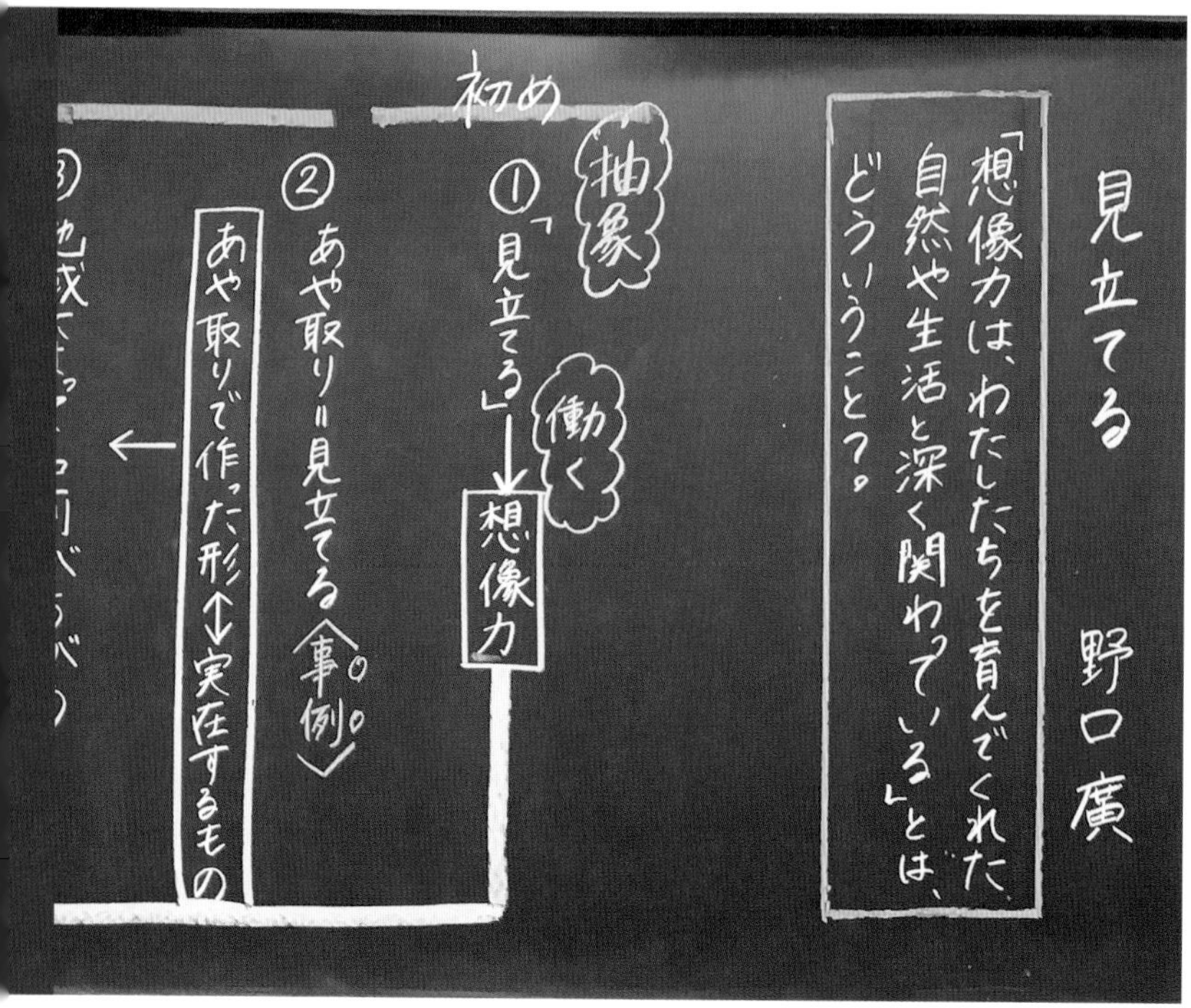

本時のねらい

文章構造に注目することで筆者の主張を捉え、「具体⇔抽象」の関係性を理解することができる。

POINT

●本教材はプレ教材であり、短い文章のため、文章構造の下に①〜⑥の段落番号をすべて書き込むと、つながりが可視化できてよい。

●矢印や線を使いながら、「見立てる」と「想像力」の関係性、事例の流れ、事例の役割、「具体と抽象」のつながりを示す。文章全体を俯瞰して読む力を伸ばすことができる。

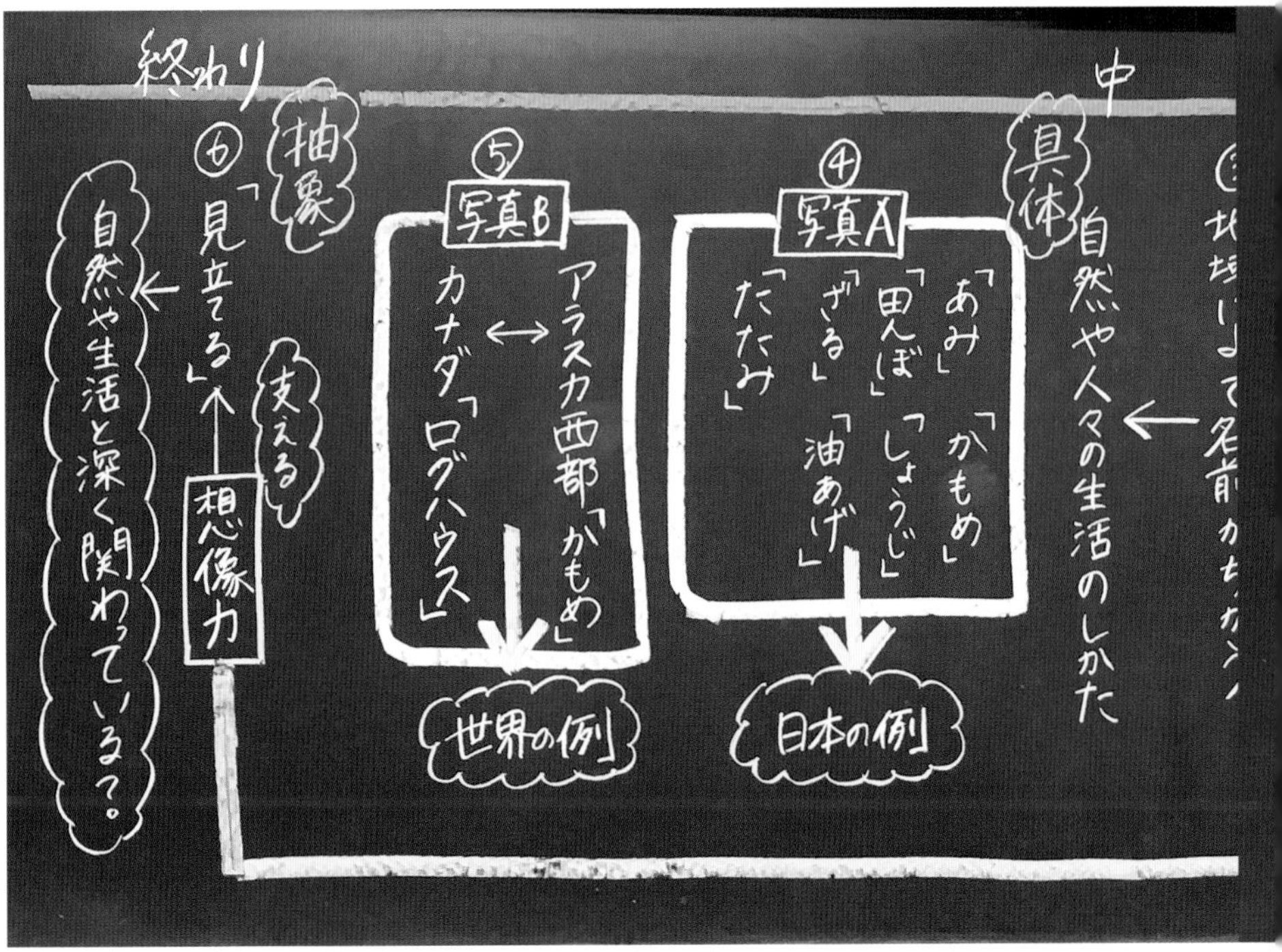

授業の流れ

1 筆者の主張は何であるかを確認し、最終段落（⑥段落）に着目させる。この時に文章の構造も確認し、板書に書き込む。学習課題を提示し、自分の考えをノートに書かせる。

2 **「まとめに書いてあることって、つまり、何段落？」**と訊ね、各段落に焦点化させながら、子どもたちの考えを引き出す。「自然」「生活」の具体がどのような例として紹介されているのか、つながりを意識させる。

3 文章全体の「つながり」を確認した後、これらは「具体⇔抽象」の関係になっていることを整理する。

問答・変容

型 ≫ 事例の内容を整理することで、「問い」に対する「答え」の内容を明らかにすることができる板書。

「じどう車くらべ」

（光村図書 1年）

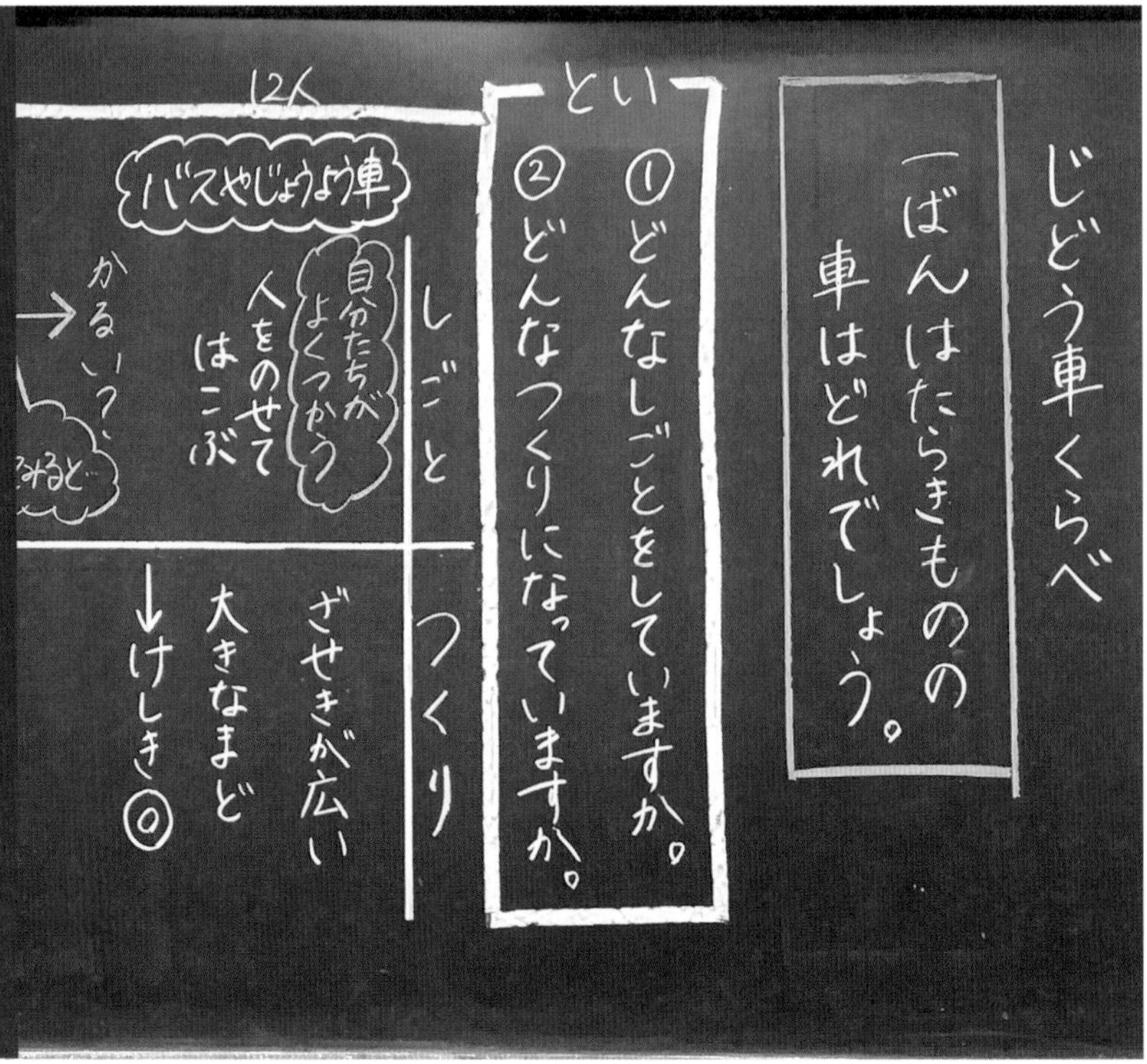

本時のねらい

事例の内容を比較することを通して、「問い」に対する全体の「答え」を考えることができる。

POINT

●上下に分けることで「しごと」「つくり」を区別して整理できる。経験知や既有の知識等、文章に書かれていないことについては吹き出しを活用し、板書する。

●「問い」と「答え」のつながりを示し、「まとめとなる答え」が書かれていないことに気付かせる。四種類の車の例から、「一般化」の思考を働かせたい。

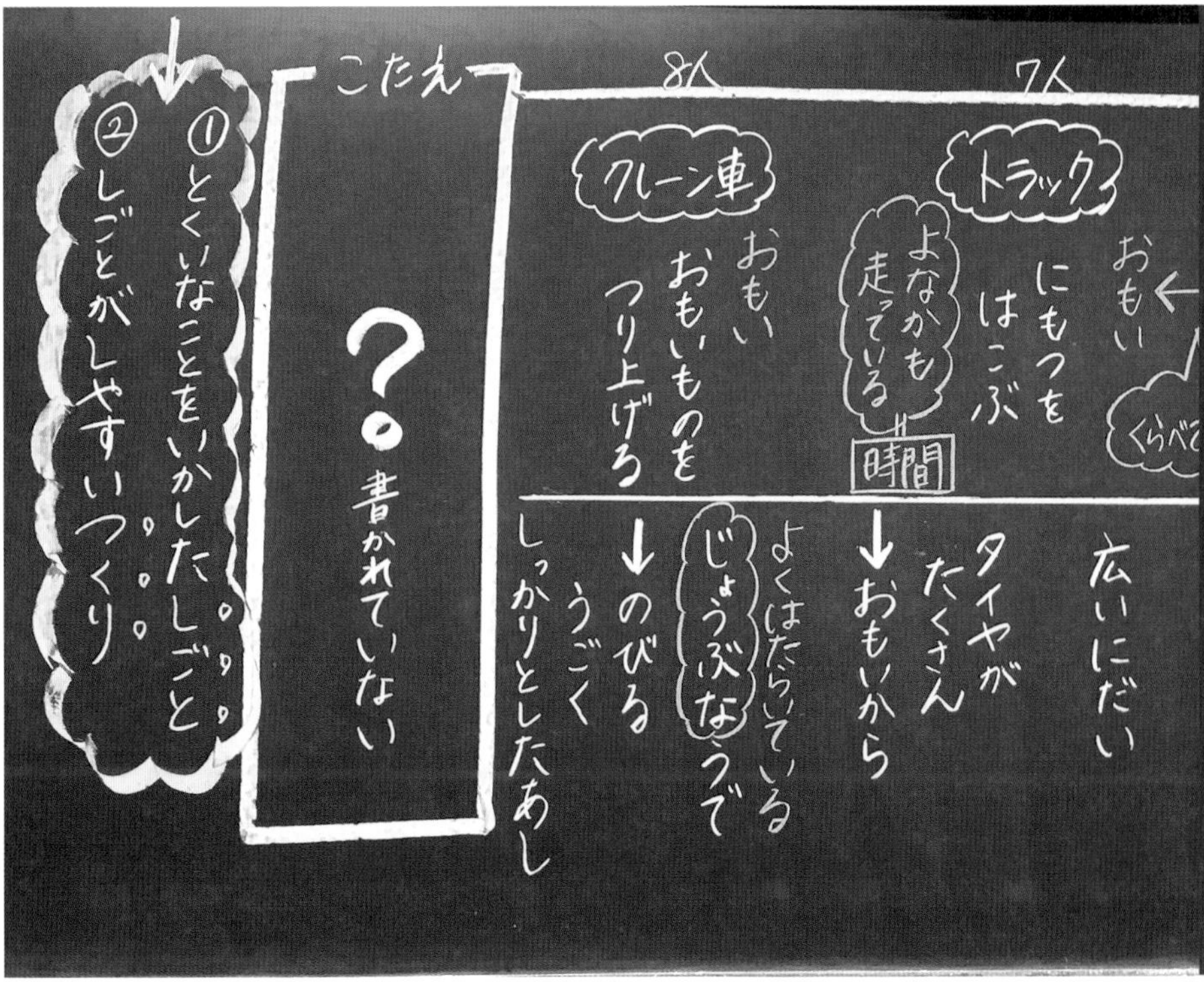
7人
トラック
おもい
くらべて
広いにだい
にもつをはこぶ
タイヤがたくさん
よなかも走っている
時間
おもいから
8人
クレーン車
おもい
おもいものをつり上げる
よくはたらいている
じょうぶなうで
のびる
うごく
しっかりとしたあし
こたえ
?
書かれていない
①とくいなことをいかしたしごと
②しごとがしやすいつくり

授業の流れ

1 この説明文における「問いの文」を確認し、「しごと」と「つくり」が書かれていることに着目させる。学習課題を提示し、自分の立場と理由を明確にさせる。

2 それぞれの意見を発表させながら、子どもたちの経験知や既有の知識を引き出す。なるべく多くの観点から「はたらきもの」について議論できるように声掛けを行う。

3 一通り整理ができたところで、**「問いに対する答えは？」**と問い、書かれていないことに気付かせる。事例の内容を基に「答えの文」を考えさせる。「しごと」「つくり」の視点から言葉を引き出したい。

問答・変容

型 ≫ 女の子の心の色の変化を考え、非現実の世界を通してどのような変容があったのかを整理する板書。

「初雪のふる日」

（光村図書 4年）

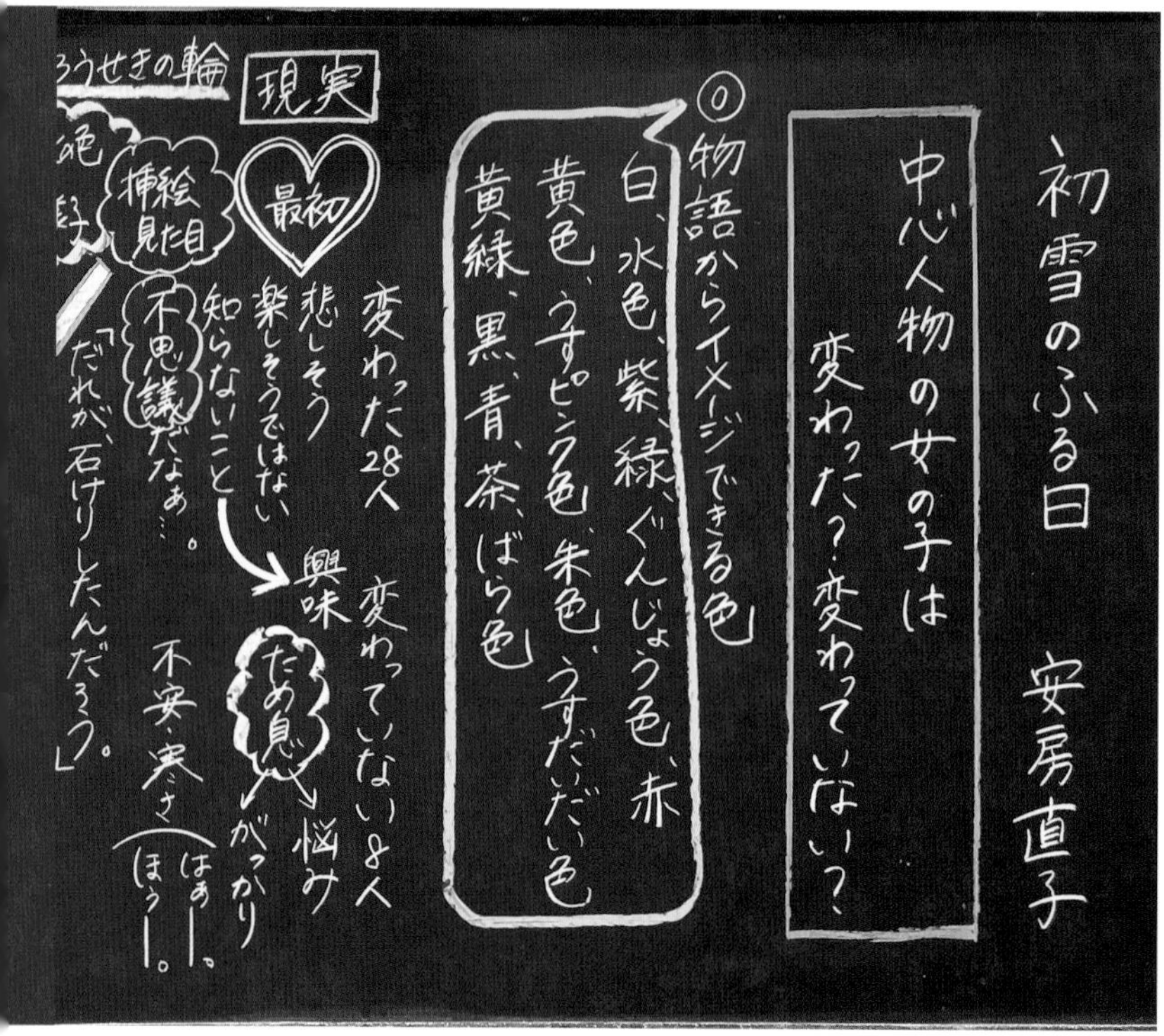

本時のねらい

女の子の心情や行動を読み取ることを通して、中心人物の変容を捉えることができる。

POINT

●女の子の心の揺れ動きが分かるように、心情曲線を意識した構成で、上↓下↓上と矢印を結ぶ。出来事のキーワードも子どもの発言から拾い、すきまに記す。

●目立たせたい言葉は、吹き出しの枠を用いる。作品の中に書かれている色と書かれていない色を確認しながら、心情と色を結び付けられるようにまとめる。

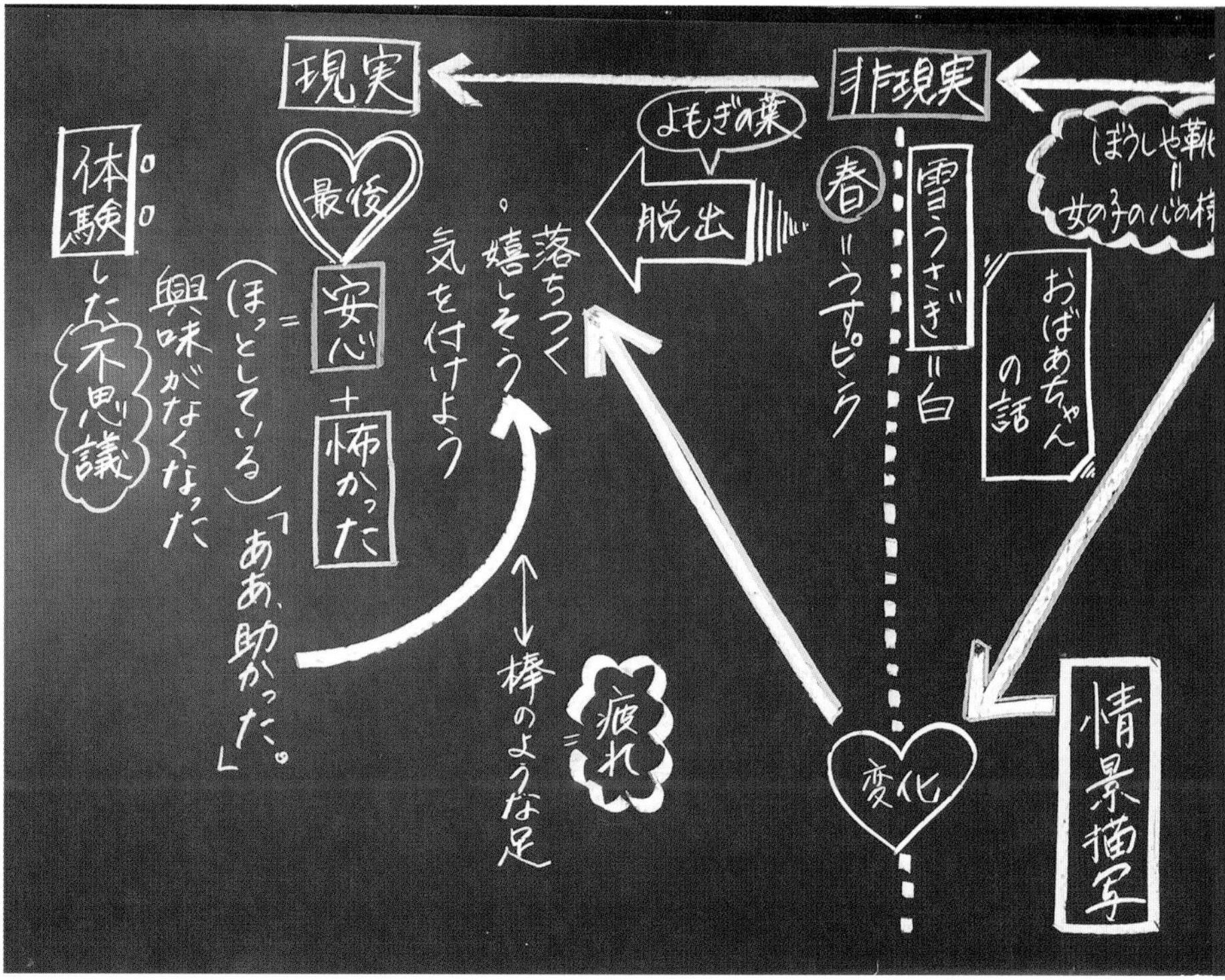
非現実
現実
おばあちゃんの話
雪うさぎ＝白
春＝うすピンク
よもぎの葉
脱出
落ちつく
嬉しそう
気を付けよう
最後
安心
＋
怖かった
（ほっとしている）
「ああ、助かった。」
体験した
不思議
興味がなくなった
疲れ＝棒のような足
変化
情景描写

授業の流れ

1 物語全体からどのような色のイメージをもつかを確認する。作品の構造も確認し、板書上段に書き込む。学習課題**「女の子の心の色は、最初と最後で変わったのか」**を考え、理由を発表する。

2 子どもたちの発言を整理しながら、キーワードのつながりを色チョークや矢印を用いて明らかにする。「情景描写」という学習用語も押さえる。

3 「不思議な体験」というキーワードは最初と最後のどちらにも出てくる。非現実の世界へと足を踏み入れたことによって、心に起こった変化（恐怖心）を押さえる。

問答・変容型 ≫ 最初と最後の大造じいさんの心情の変化と、その要因の関係を捉えることができる板書。

「大造じいさんとガン」

（光村図書 5年）

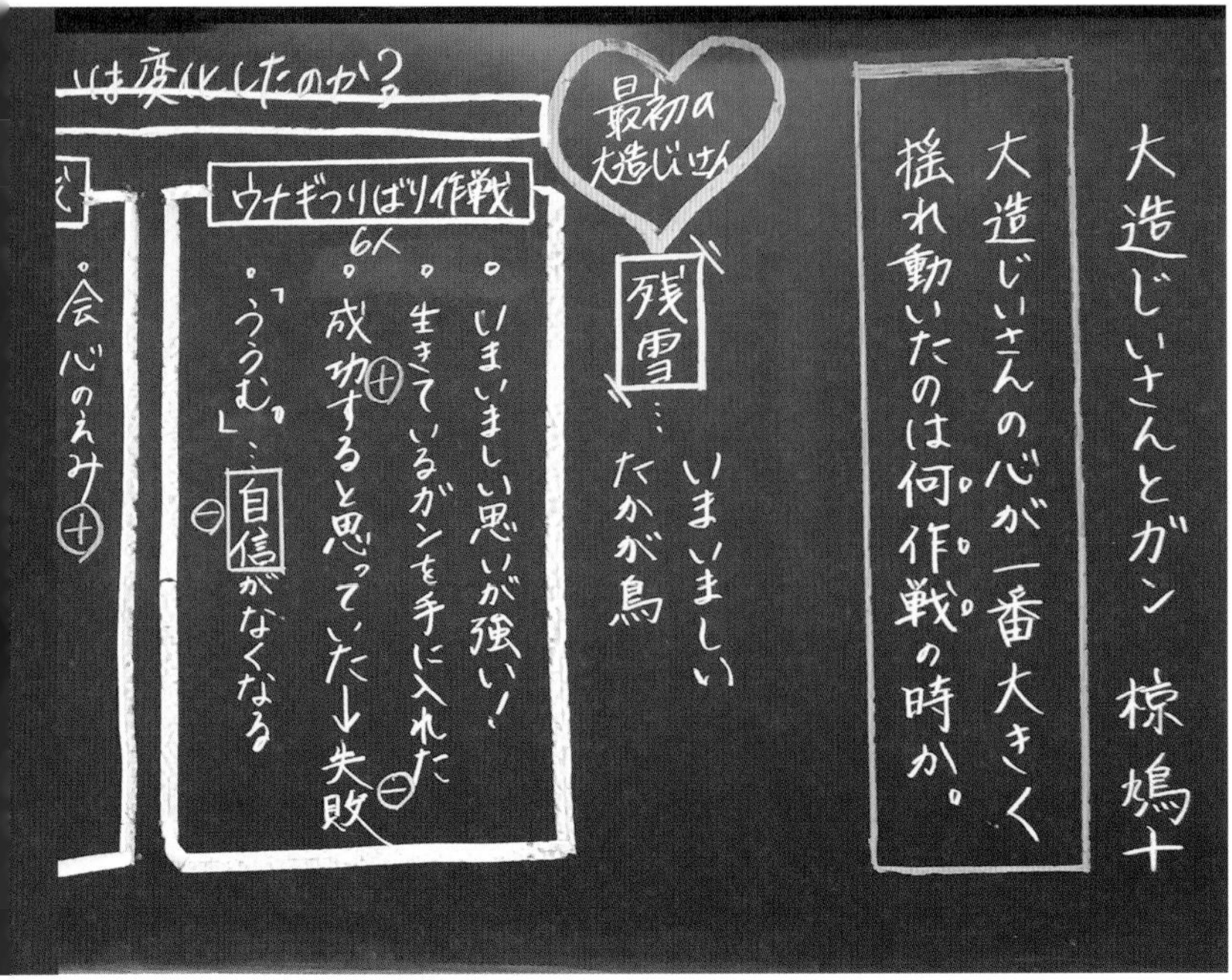

大造じいさんとガン 椋鳩十
大造じいさんの心が一番大きく揺れ動いたのは何作戦の時か。
最初の大造じいさん
残雪…いまいましい
たかが鳥
ウナギつりばり作戦
6人
・いまいましい思いが強い！
・生きているガンを手に入れた
・成功すると思っていた↓失敗
・「ううむ。」…自信がなくなる
・会心のえみ
は変化したのか？

本時のねらい

大造じいさんの心の揺れ動きを考えることを通して、中心人物の心情の変化の要因を捉えることができる。

POINT

- 板書上段にハートマークと矢印を用いて、最初と最後で心情が変わったことを示す。それぞれの作戦の言葉に関して大造じいさんの心情が表れている部分には「プラス」「マイナス」のマークを示すと揺れ動きが可視化される。
- 本時で学習した「読みの力」を自覚できるように、学習用語として板書に示す。

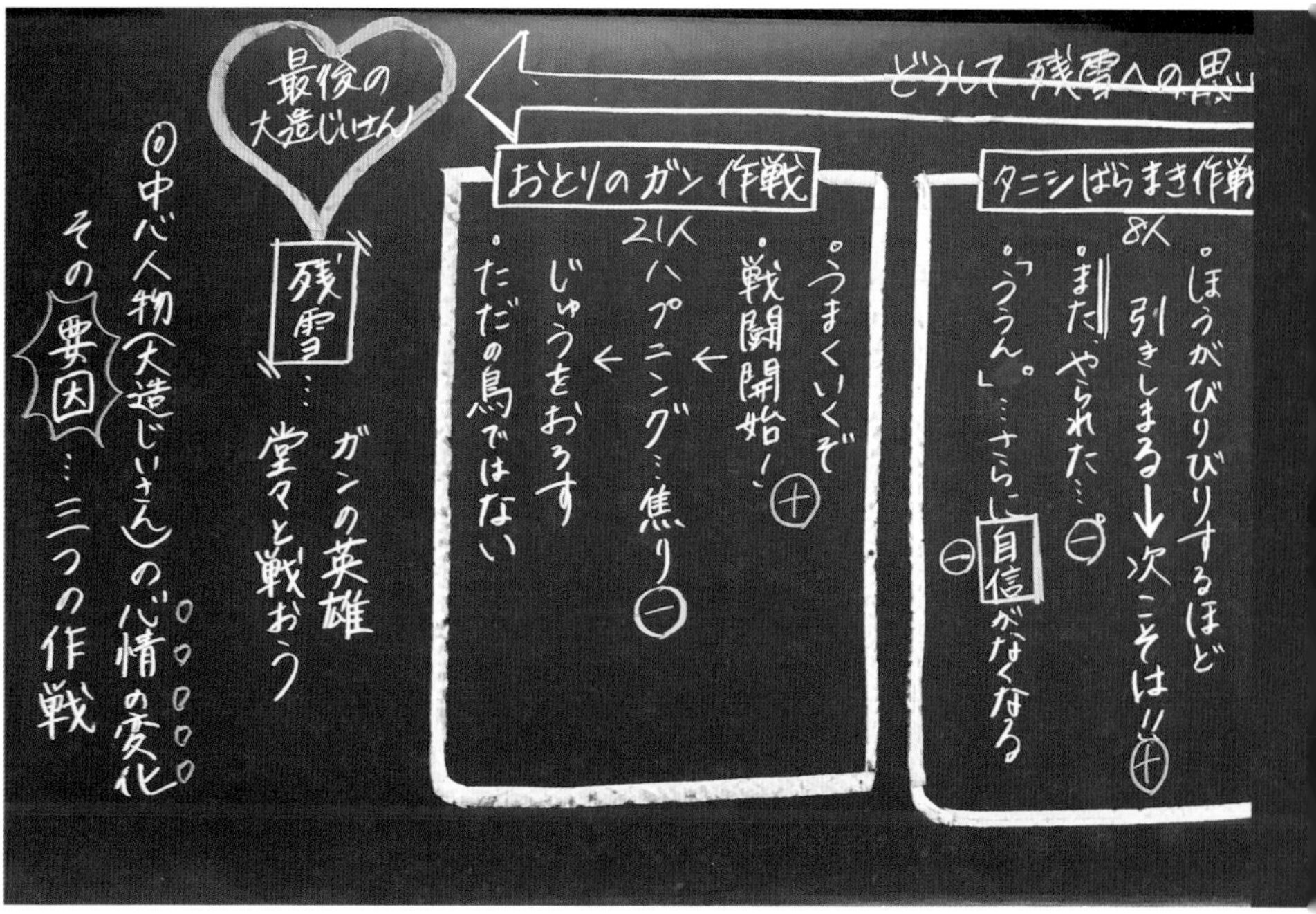

授業の流れ

1 大造じいさんの最初と最後の「残雪への思い」を確認する。大きく変化していることを確認したら、学習課題を提示する。これまでの学習を基に三つの作戦の際の、大造じいさんの心の揺れ動きについて考える。

2 **それぞれの立場の考えを発表させ、大造じいさんの心の揺れ動きを整理する。** 大造じいさんの心をプラスとマイナスを用いて表記する。

3 大造じいさんの心情の変化の要因として「三つの作戦の出来事」が関わっていることをつながりとして示し、授業の学びを振り返る。

型 ≫ ログライン（一文あらすじ）の交流を通して、人物関係を捉えることができる板書。

「お手紙」

（光村図書 2年）

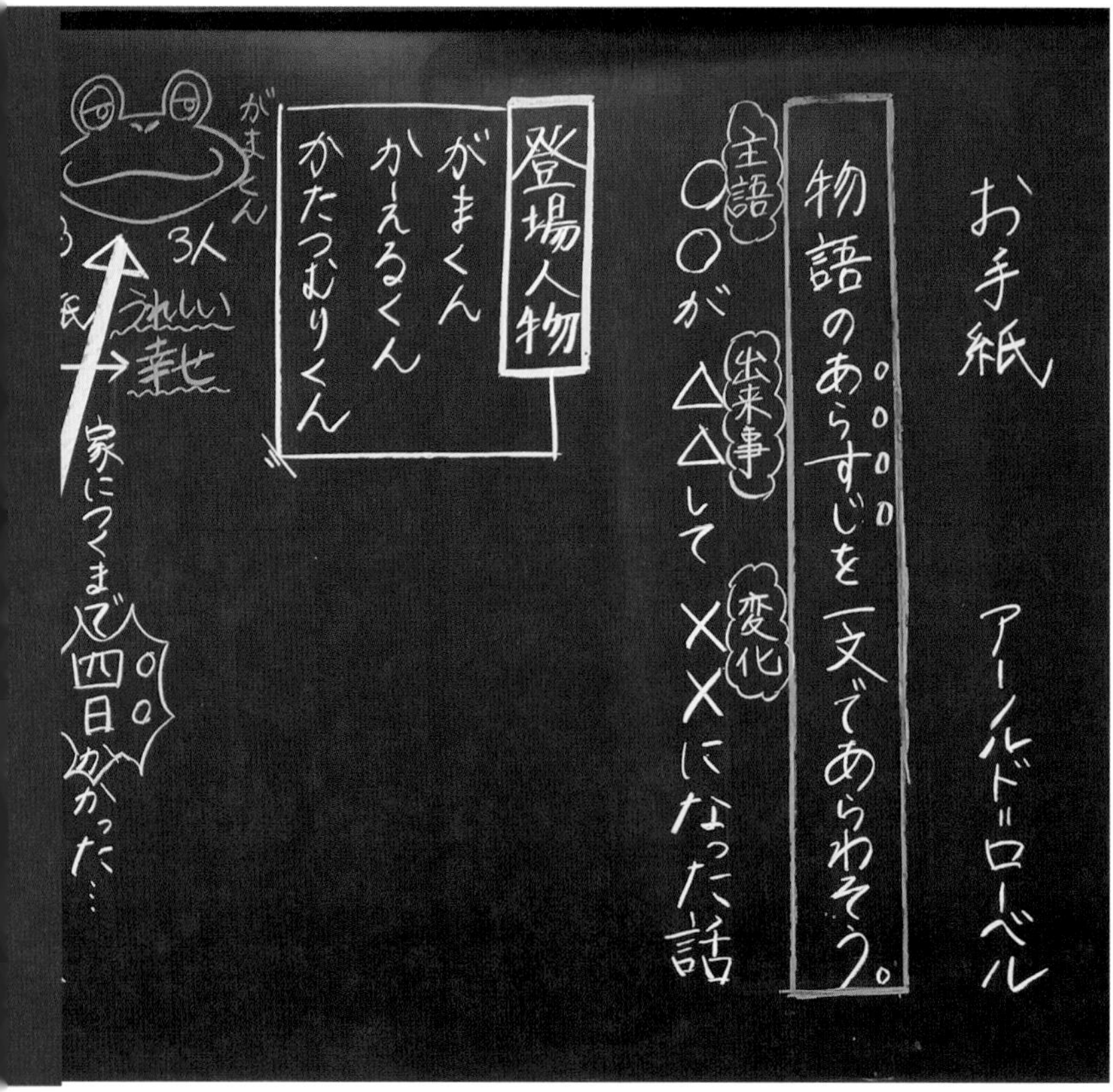
お手紙
アーノルド＝ローベル
物語のあらすじを一文であらわそう。
主語
○○が
出来事
△△して
変化
××になった話
登場人物
がまくん
かえるくん
かたつむりくん
がまくん
3人
うれしい
幸せ
家につくまで四日かかった…

本時のねらい

物語の内容を一文で表す活動を通して、物語のあらすじや人物関係の大体を捉えることができる。

POINT

- 矢印を使って「誰が誰に何をした」という関係性（つながり）が一目で分かるようにする。初読の読みに間違いがある場合は、話合いの中で子ども同士に修正させるとよい。
- 人物関係図の中から、単元を通して追究したい学習課題が生まれた場合は、板書に残しておく。

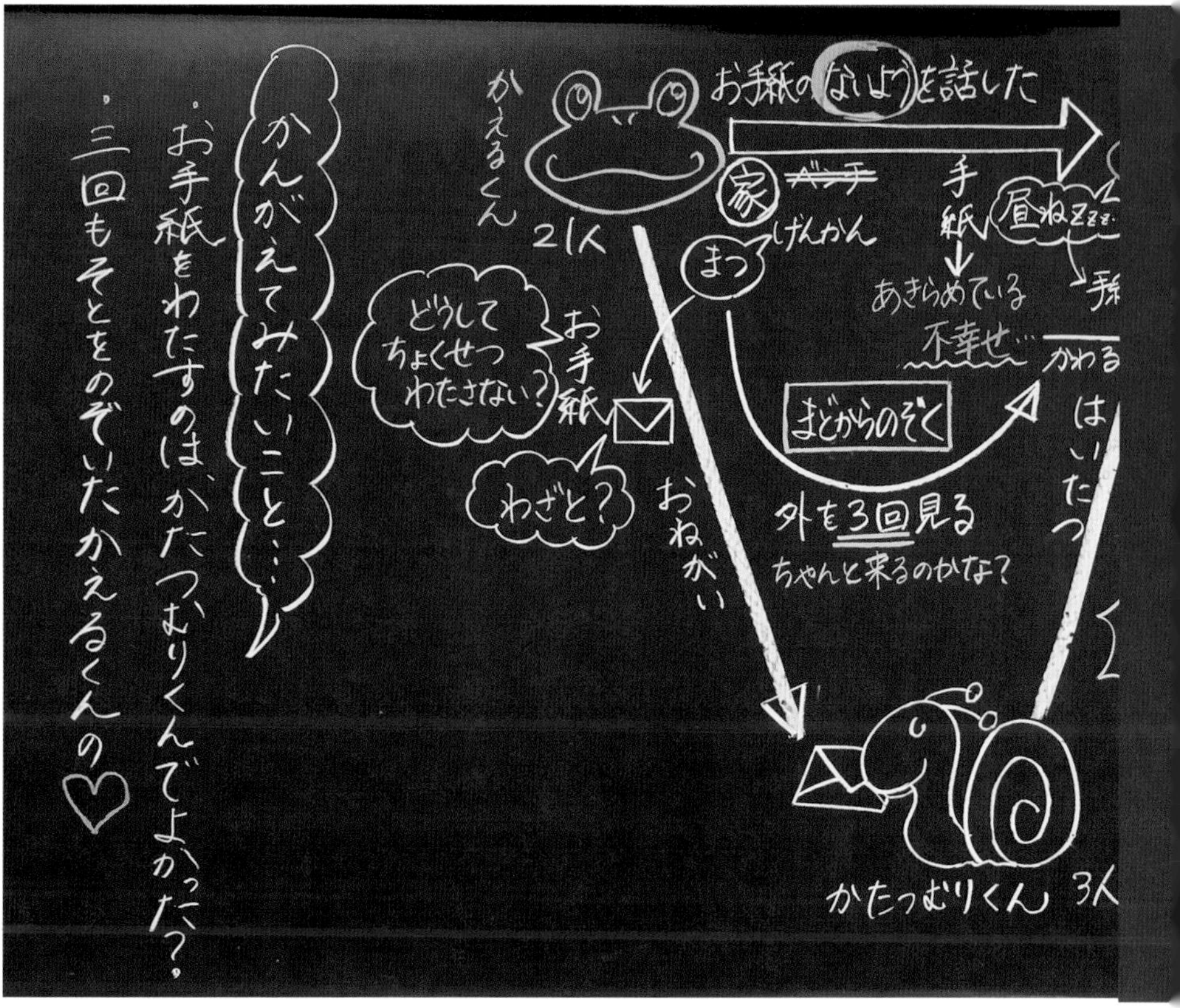

授業の流れ

1
教師の範読の後、登場人物の確認を行う。フォーマット（○○が△△して××になった話）に沿って、ログラインを考える。早く考え終わった子は、逆接のパターン（○○が△△したが××になった話）も考えさせる。

2
主語にどの登場人物を入れたかを確認する。**順番に自分の考えたログラインを発表させながら、板書に関係性をまとめていく。**

3
人物関係図から、単元を通して考えたい学習課題を共有する。子どもたちの素直な感想を生かして、単元の見通しをもたせるとよい。

人物相関図

型 ≫ 脇役の比較を通して、それぞれの人物が中心人物とどのような関係にあるかを明らかにする板書。

「プラタナスの木」

（光村図書 4年）

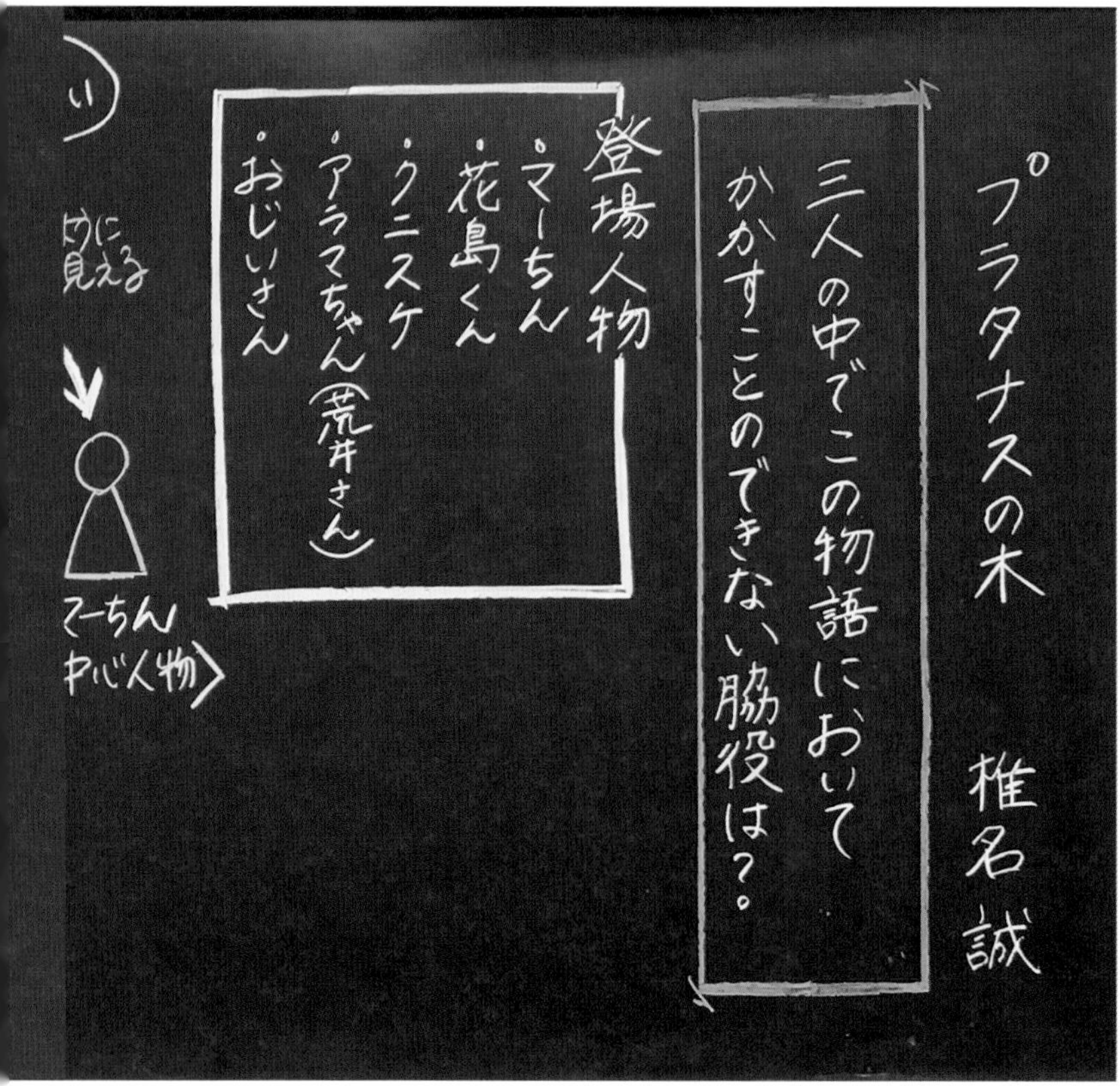
プラタナスの木 椎名誠
三人の中でこの物語において
かかすことのできない脇役は？
登場人物
・マーちん
・花島くん
・クニスケ
・アラマちゃん（荒井さん）
・おじいさん
マーちん
中心人物

本時のねらい

脇役の役割を話し合うことを通して、それぞれの人物が物語でどのような役割を果たしているのかを捉えることができる。

POINT

それぞれの人物の特徴をまとめるとともに、矢印を用いながら「誰が誰にどんなことをしたのか」という関係性を明らかにする。「きっかけ」や「つながり」という言葉を大切にしたい。

物語のキーパーソンである「おじいさん」との関係性は特に重要。物語におけるしかけに気付くことができるようにする。

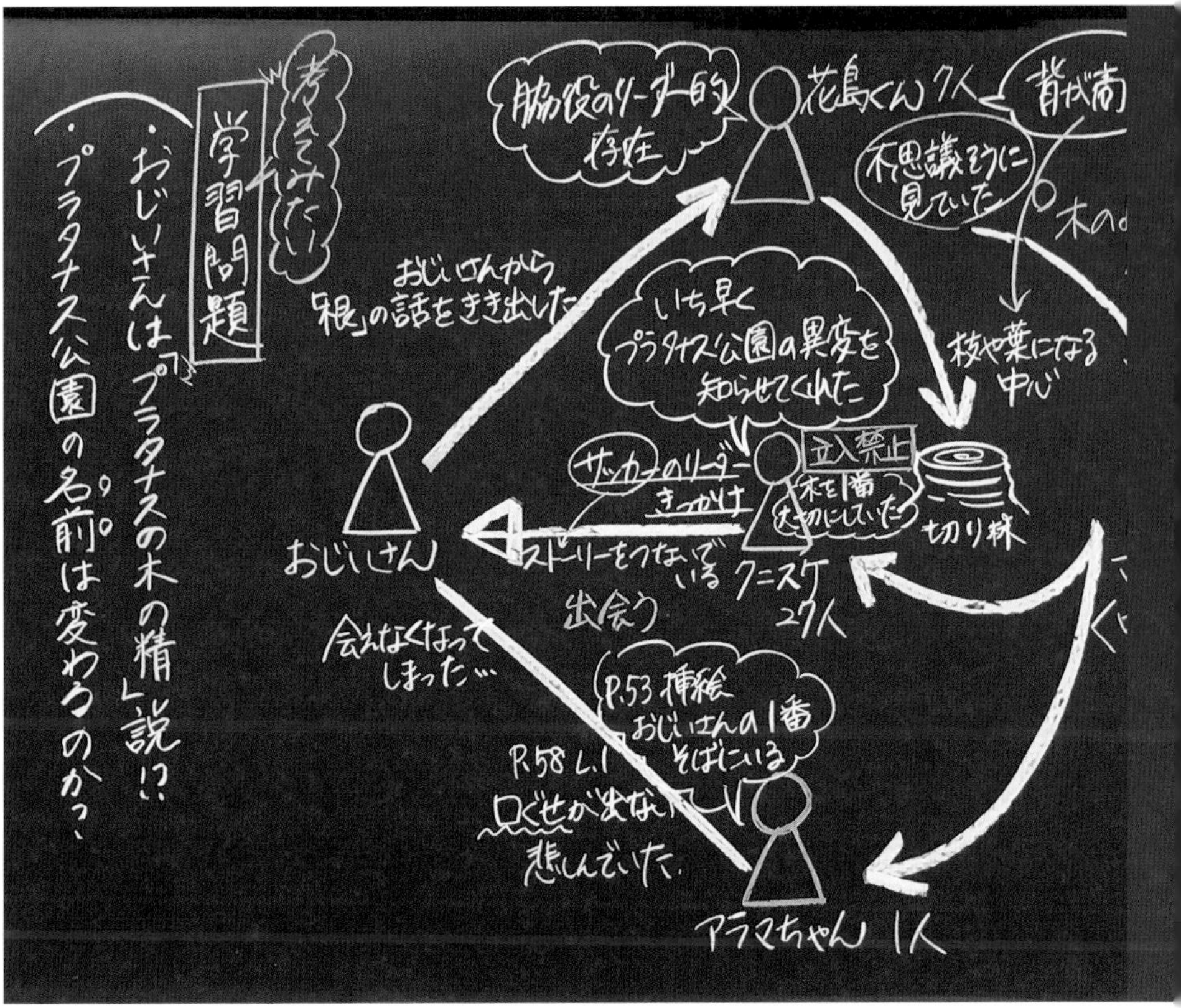

授業の流れ

1 教師の範読の後、登場人物の確認を行う。中心人物と関わりの強い脇役三人の中から、欠かすことのできない人物を一人選択させ、その理由を考えさせる。

2 子どもたちの立場を確認した後、理由を発表させる。それぞれの登場人物がどのようにつながっているのか、人物関係図にまとめていく。**それぞれのキャラクターが物語にどのような効果をもたらしているのかを押さえる。**

3 人物関係図から単元を通して明らかにしたい学習課題を共有する。

人物相関図 型 ≫ 太一の行動の理由を考えることを通して、脇役が太一に与えた影響を明らかにできる板書。

「海の命」

（光村図書 6年）

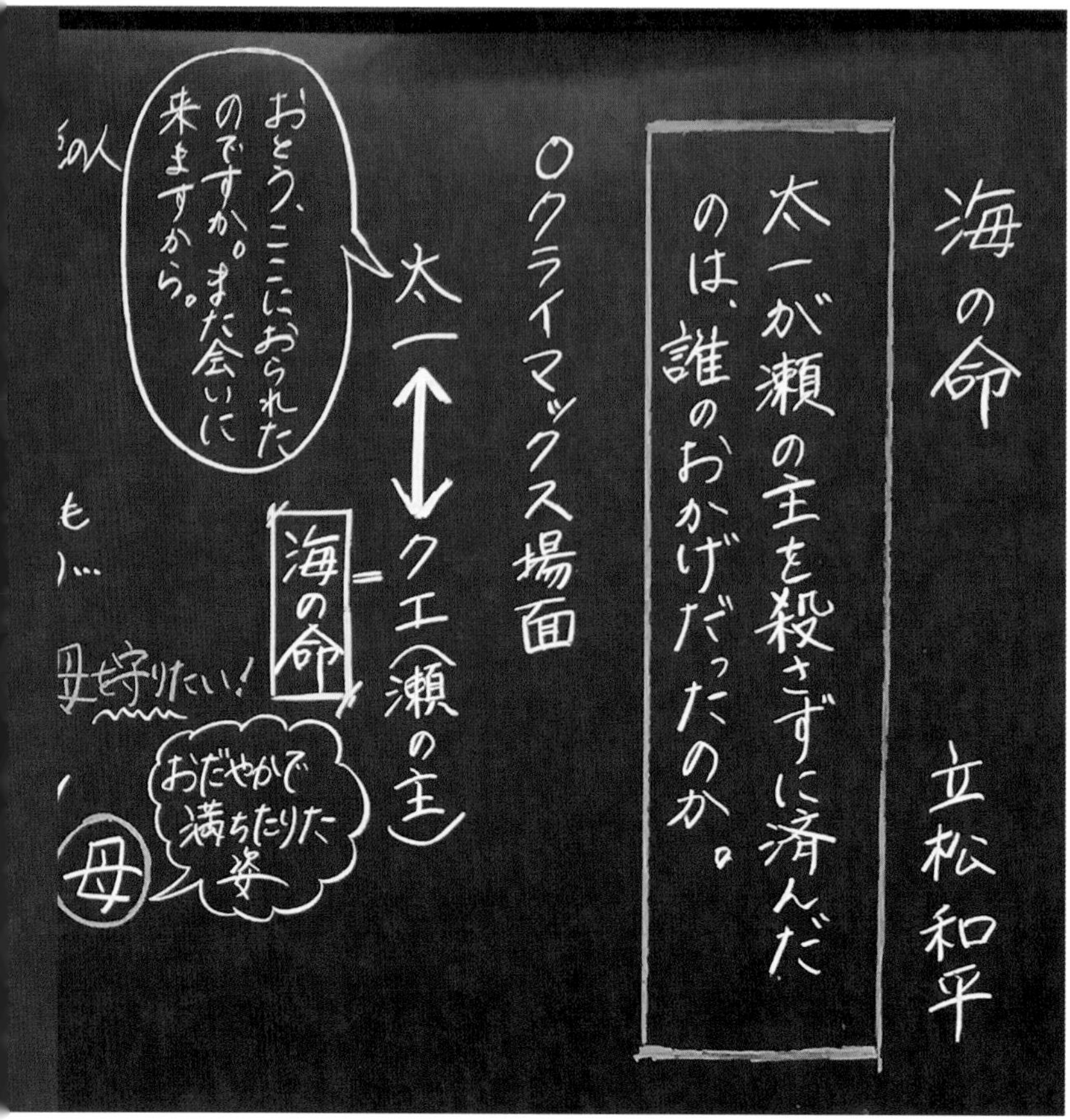
海の命
立松和平
太一が瀬の主を殺さずに済んだのは、誰のおかげだったのか。
○クライマックス場面
太一
クエ（瀬の主）
海の命
おとう、ここにおられたのですか。また会いに来ますから。
母を守りたい！
おだやかで満ちたりた姿
母

本時のねらい

太一が瀬の主を殺さずに済んだ理由を考えることを通して、周辺人物が太一に与えた影響を捉えることができる。

POINT

●太一を人物関係図の中心に配置することで、それぞれの脇役が与えた影響をまとめやすくする。母親の立場を選択する人数が少ないことが予想されるが、その場合は「お母さんって登場しなくても物語は一緒？」とゆさぶりをかけるとよい。

●会話文を根拠とした発言については、吹き出しを用いてまとめると他と区別できる。

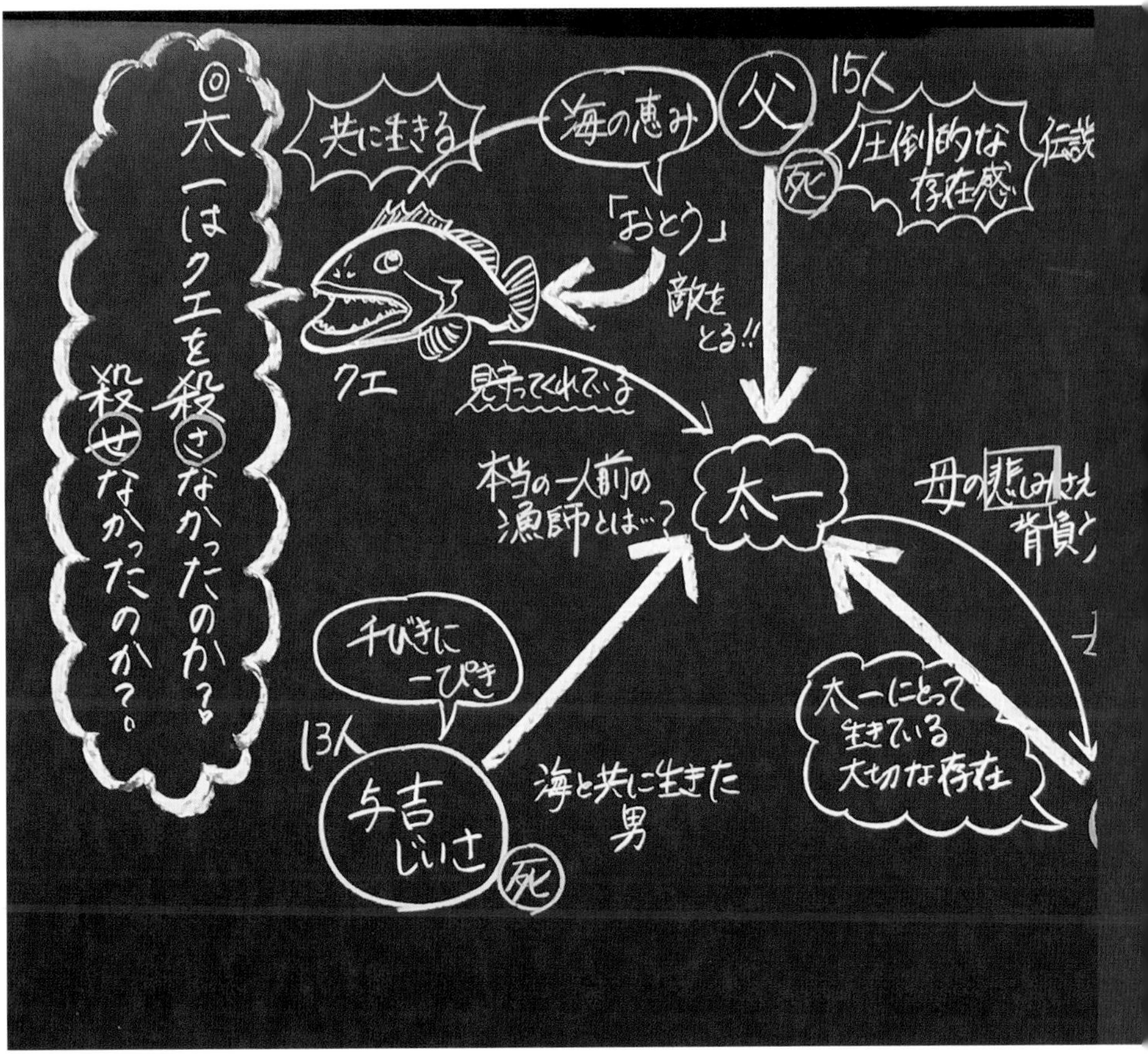

授業の流れ

1 クライマックス場面において太一にどのような出来事が起こったのかを確認する。学習課題を提示し、太一の行動の理由を考えさせる。

2 それぞれの人数を確認した後、理由を共有する。人物関係図に発言をまとめながら、太一に与えた影響を明らかにしていく。

3 意見が出揃ったところで**「太一は海の命を殺さずに済んだと書いてあるけれど、太一はクエを殺さなかったのか？　殺せなかったのか？　どっち？」**とゆさぶりをかける。この一文字の違いから、太一の母親への思いを押さえる。

スケーリング型 》きつねの心情の変化を数値化することで、心の揺れ動きを捉えることができる板書。

「きつねのおきゃくさま」

（教育出版 2年）

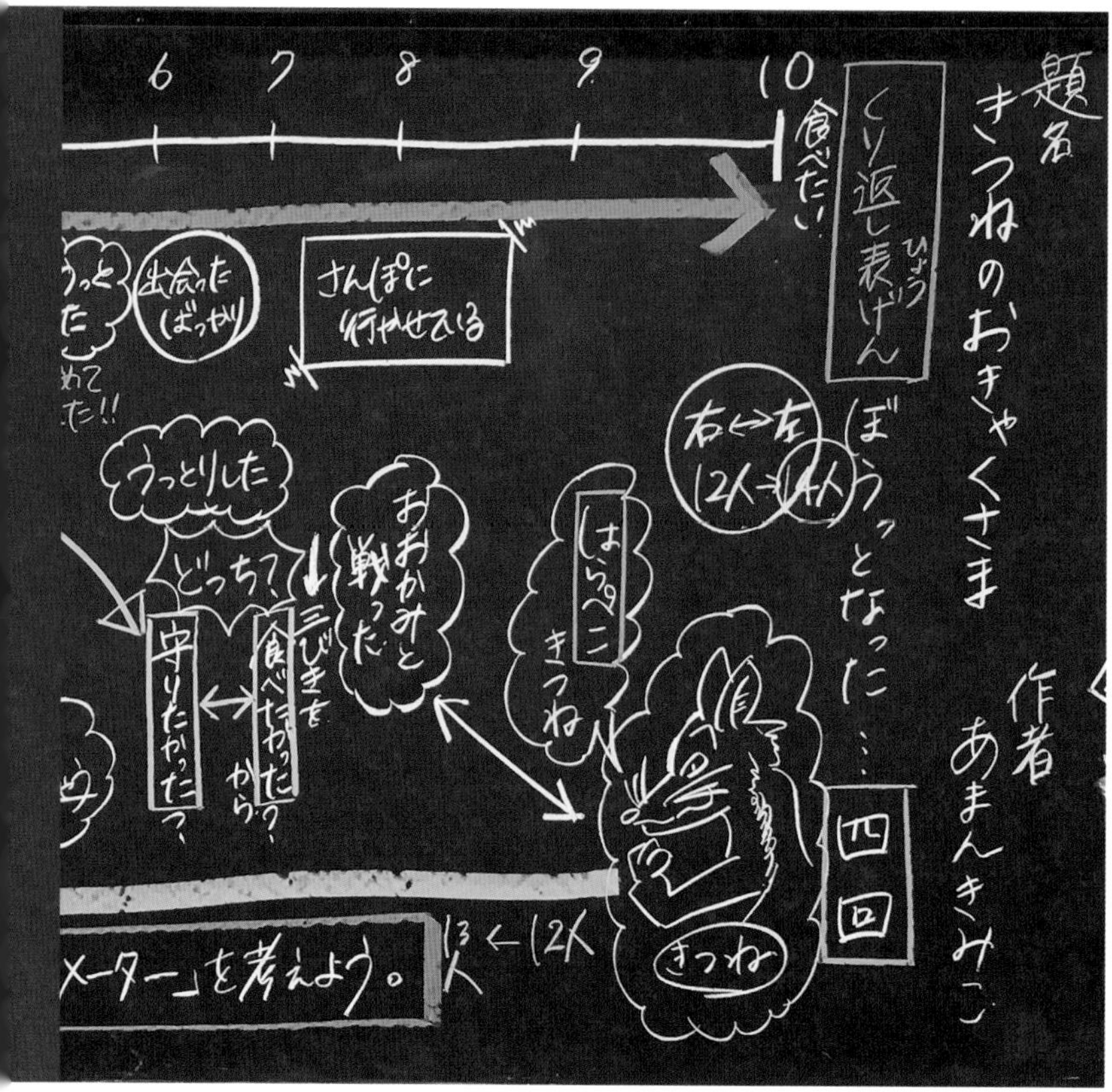

本時のねらい

きつねが3匹の動物をどれくらい食べたいと思っていたのかを話し合うことを通して、きつねの心情の変化を捉えることができる。

POINT

●スケーリングメーターを板書上段に示し、それぞれの理由をメーターの下にまとめる。物語の中でどのように「言葉」が変化しているかを強調させるとよい。

●数値の変化を太い矢印で示し、「小↓大」「大↓小」の変化をシンプルに捉えられるようにする。

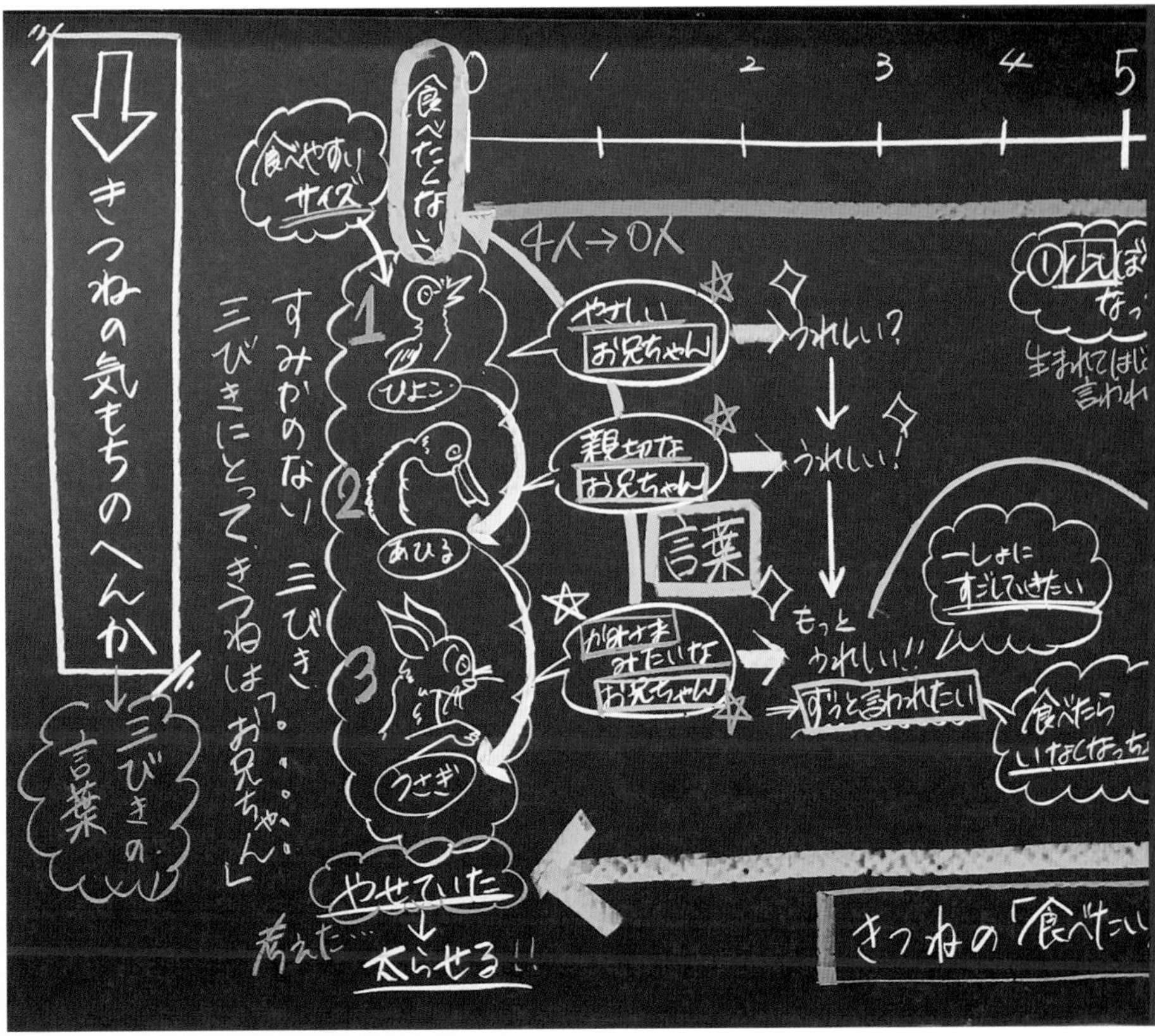
きつねの気もちのへんか
三びきの言葉
すみかのない三びき
三びきにとってきつねは「お兄ちゃん」
0
1
2
3
4
5
食べたくない
食べやすいサイズ
4人→0人
ひよこ
あひる
うさぎ
やさしいお兄ちゃん
親切なお兄ちゃん
かみさまみたいなお兄ちゃん
言葉
うれしい?
うれしい!
もっとうれしい!!
ずっと言われたい
一しょにすごしていきたい
やせていた
太らせる!!
考えた…

授業の流れ

1 作品の中でくり返し表現されている言葉を確認する。学習課題を提示し、**きつねの気持ちがどのように変化しているのかを数値化し考える。**

2 数値がどのように変化し、なぜそのように考えたのかを話し合う。一通り発表が終わったタイミングで、数値が「小↓大」「大↓小」「揺れ動く」の三つの中でどの動きになるかを集計し、話し合う。

3 板書の内容を確認しながら作品の構造や繰り返し表現の効果を確認する。これらがきつねの心情の変化にどのように関係しているのかを話し合い、読みを深めたい。

食品の変化を数値化することで、9種類の食品の特長を捉えることができる板書。

「すがたをかえる大豆」

（光村図書 3年）

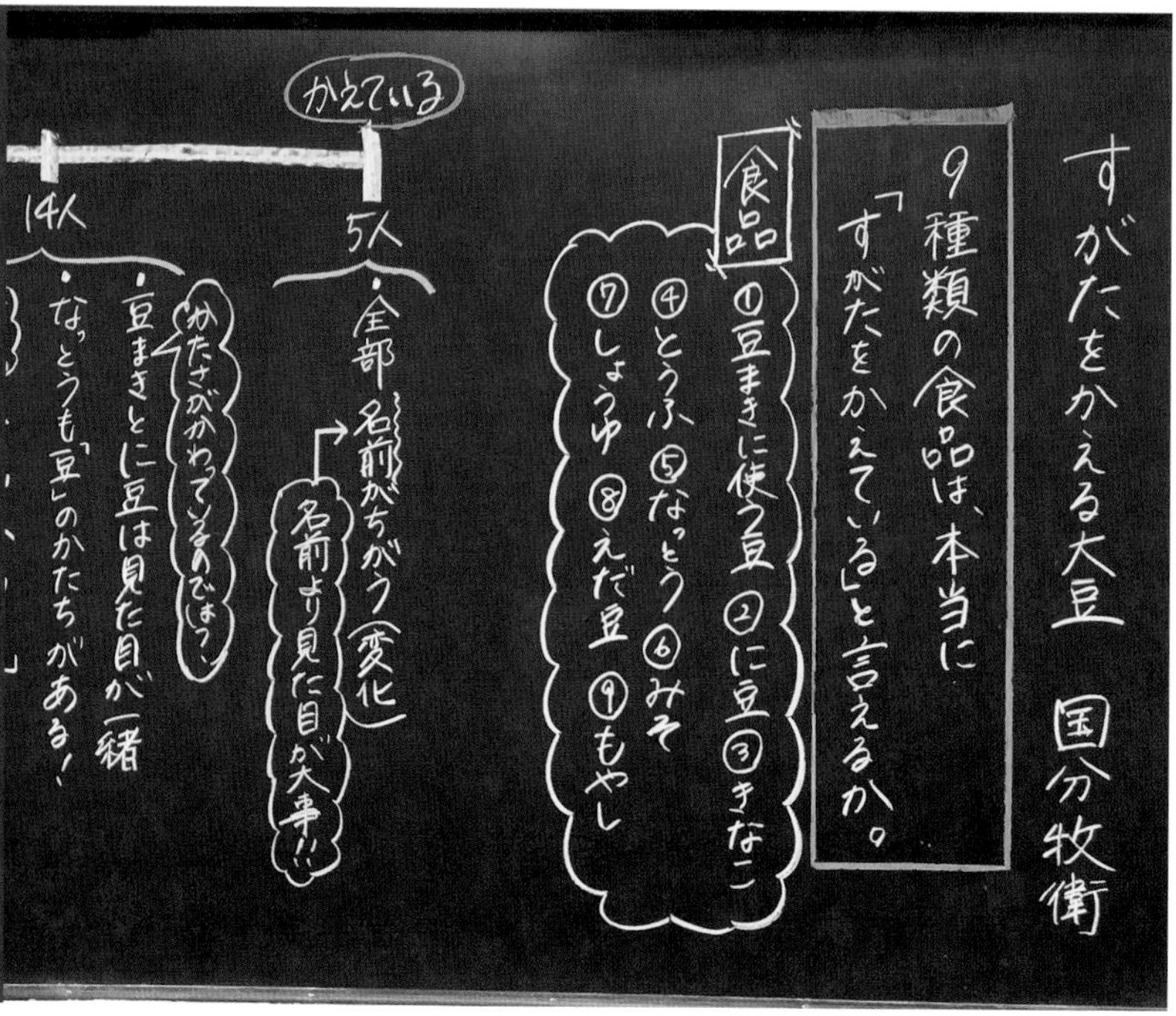
すがたをかえる大豆　国分牧衛
9種類の食品は、本当に「すがたをかえている」と言えるか。
食品
①豆まきに使う豆 ②に豆 ③きなこ ④とうふ ⑤なっとう ⑥みそ ⑦しょうゆ ⑧えだ豆 ⑨もやし
かえている
5人
・全部 名前がちがう（変化）
名前より見た目が大事!!
かたさがかわっているのでは？
14人
・豆まきとに豆は見た目が一緒
・なっとうも「豆」のかたちがある！

本時のねらい

食品の変化具合をスケーリングで表した上で話し合うことを通して、9種類の食品の特長を捉えることができる。

POINT

- それぞれの立場の意見を整理した後、意見交流で出てきた考えは「吹き出し」で書き加えることで最初の意見と区別して整理できるようにする。
- 話合いを通して生まれた疑問を大切にしたい。次時の学習課題につながる部分でもあるため、板書にも「みんなの疑問コーナー」として残しておきたい。

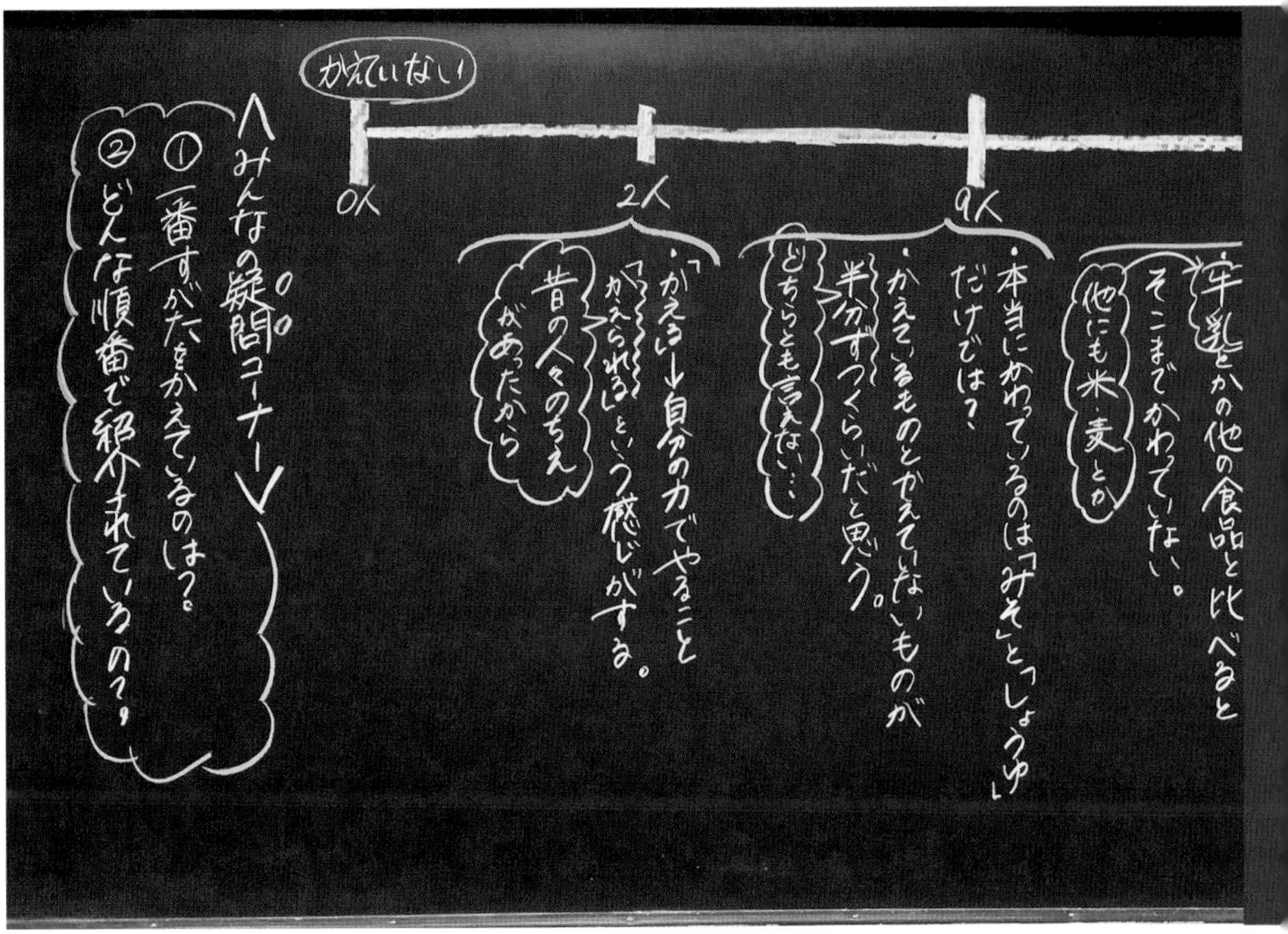
かえていない
0人
2人
9人
牛乳とかの他の食品と比べるとそこまでかわっていない。
他にも米・麦とか
・本当にかわっているのは「みそ」と「しょうゆ」だけでは？
・かえているものとかえていないものが半分ずつくらいだと思う。
どちらとも言えない…
・「かえる」↓自分の力でやること「かえられる」という感じがする。
昔の人々のちえがあったから
〈みんなの疑問コーナー〉
①一番すがたをかえているのは？
②どんな順番で紹介されているの？

授業の流れ

1 教材の中で紹介されている食品を確認する。学習課題とスケーリングメーターを提示する。自分の考えとその理由をノートに記入する。

2 それぞれの立場の人数を確認した後、理由を発表させる。一通り発表が終わった後、**自分が「納得できた意見」「納得できない意見」について話し合う時間を設定し、さらに理解を深める。**

3 話合いを進める中で話題になった疑問は「みんなの疑問コーナー」に記載し、次の授業の学習課題として扱うように伝える。「すがたをかえる」という言葉に対する解釈の違いを整理する。

スケーリング型 ≫ 筆者の主張に対する納得度をスケーリングで表すことで、文章に対する評価を可視化できる板書。

「想像力のスイッチを入れよう」（光村図書　5年）

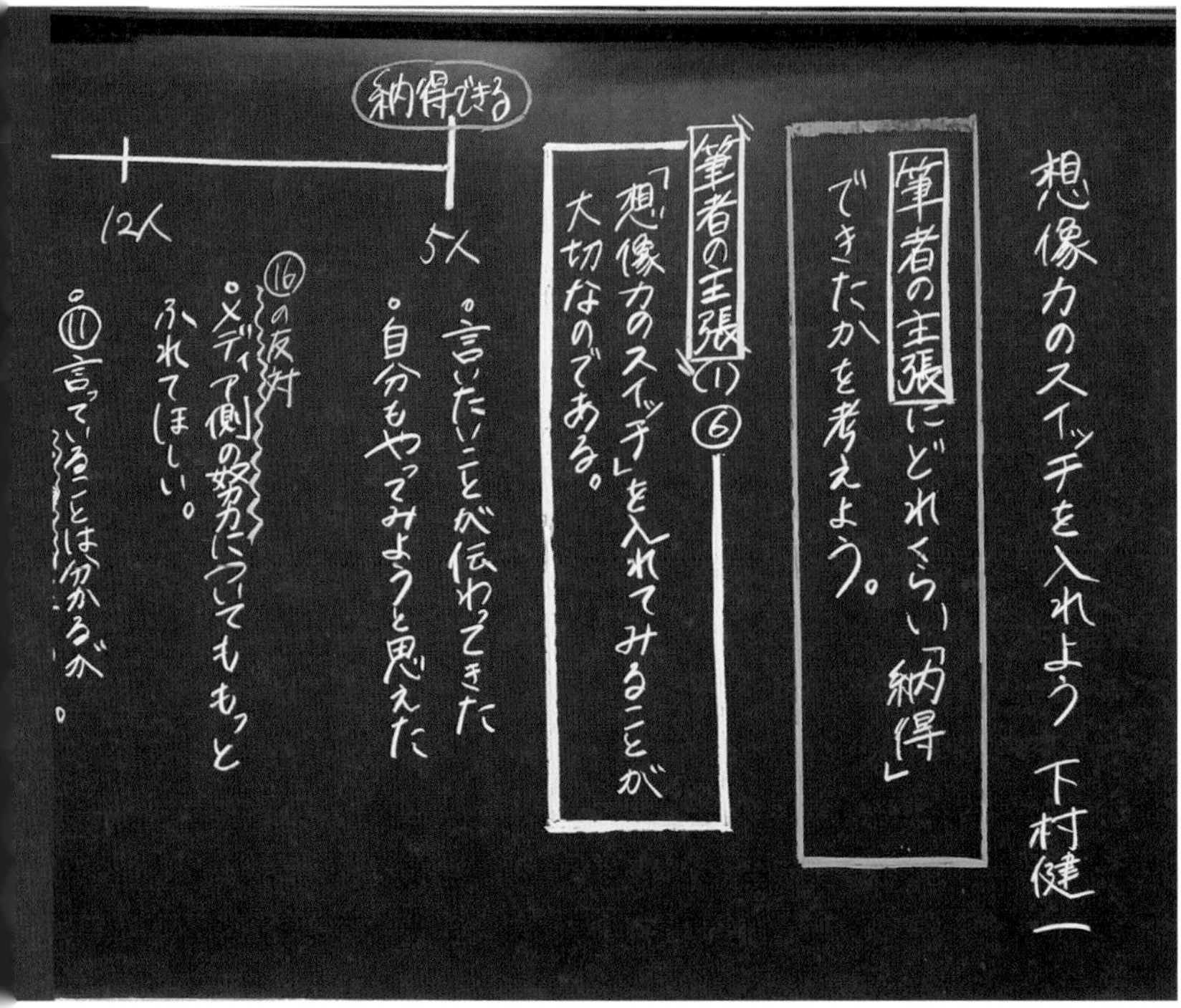

想像力のスイッチを入れよう　下村健一
筆者の主張にどれくらい「納得」できたかを考えよう。
筆者の主張
(17) (6)
「想像力のスイッチ」を入れてみることが大切なのである。
納得できる
5人
12人
。言いたいことが伝わってきた
。自分もやってみようと思えた
(16)の反対
。メディア側の努力についてももっとふれてほしい。
(11)
。言っていることは分かるが。

本時のねらい

筆者の考えに対する納得度を考えることを通して、文章を評価する読み方を育てることができる。

POINT

- スケーリングを用いて立場を明らかにすることで、自分と他者との違いを明確にすることができる。選択した立場とその理由のつながりを意識させ、選択した立場は同じでも理由が違うこと等に注目させると思考が深まる。
- 教材ではあまり触れられていない「メディア側」の努力とのつながりも意識させる。

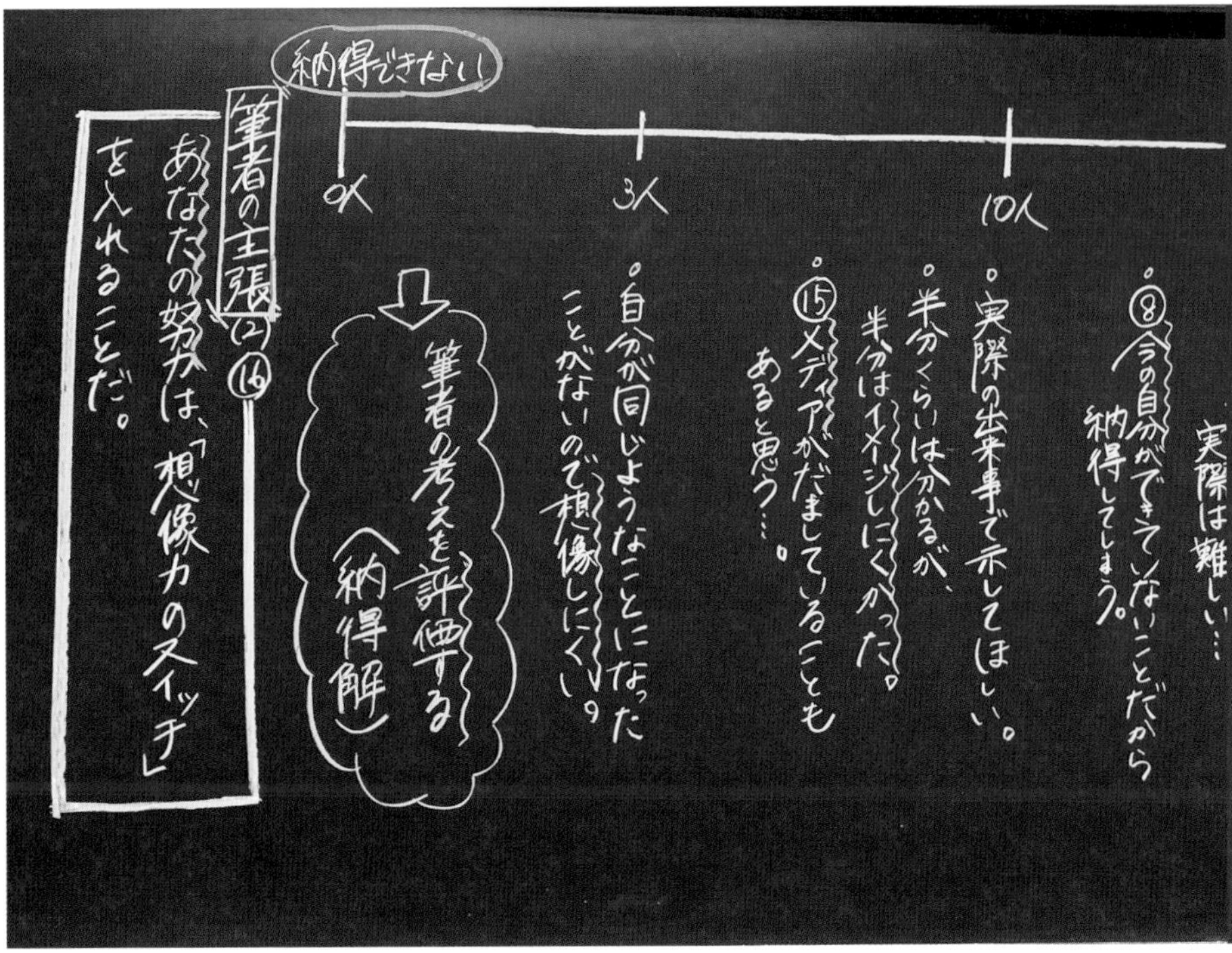
実際は難しい…
○⑧今の自分ができていないことだから納得してしまう。
10人
○実際の出来事で示してほしい。
○半分くらいは分かるが、半分はイメージしにくかった。
○⑮メディアがだましていることもあると思う…。
3人
○自分が同じようなことになったことがないので想像しにくい。
0人
筆者の考えを評価する（納得解）
納得できない
筆者の主張⑫⑯
あなたの努力は、「想像力のスイッチ」を入れることだ。

授業の流れ

1 本教材における筆者の主張が書かれている段落を確認する。学習課題を提示し、自分の立場と理由をノートに記す。

2 それぞれの立場を選択した人数を確認し、理由を発表させる。
お互いの意見に対して、どのように感じているかを交流し、筆者の主張に対する解釈を深めていく。「メディア側」「情報を受け取る側」の立場の違いがあることを押さえる。

3 本時の学習を振り返りながら、「納得解」を導き出す過程の中で、思考が深まっていったことを確認し、子どもたちに学びの実感をもたせたい。

移動型》登場人物の動きを板書で操作することで、具体的に場面の様子をイメージできる板書。

「くじらぐも」（光村図書 1年）

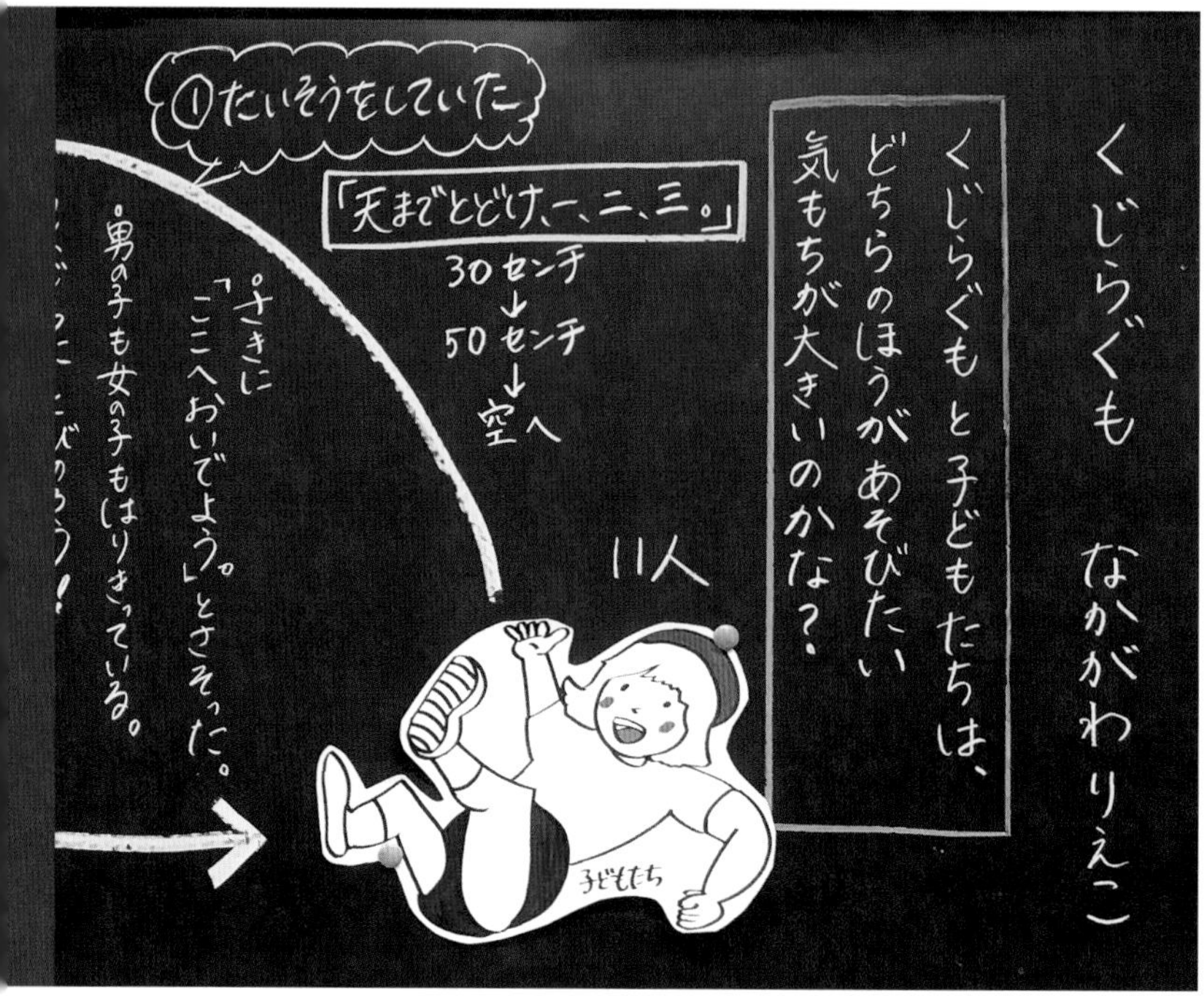
くじらぐも なかがわりえこ
くじらぐもと子どもたちは、どちらのほうがあそびたい気もちが大きいのかな？
①たいそうをしていた
「天までとどけ、一、二、三。」
30センチ
↓
50センチ
↓
空へ
11人
子どもたち
さきに「ここへおいでよう。」とさそった。
男の子も女の子もはりきっている。

本時のねらい

くじらぐもと子どもたちの「遊びたい」という気持ちの比較を通して、登場人物の気持ちや行動について整理することができる。

POINT

● 二枚の絵を移動させながら、物語全体の展開をしっかりとイメージさせる。「矢印」や「会話文」「吹き出し」を書き込み、大きな出来事は一目で分かるようにしておく。

● 二本の矢印にくじらぐもと子どもたちの「遊びたい」という気持ちがどこから分かるのかを記述する。特に「会話文」の呼応関係に注目させる。

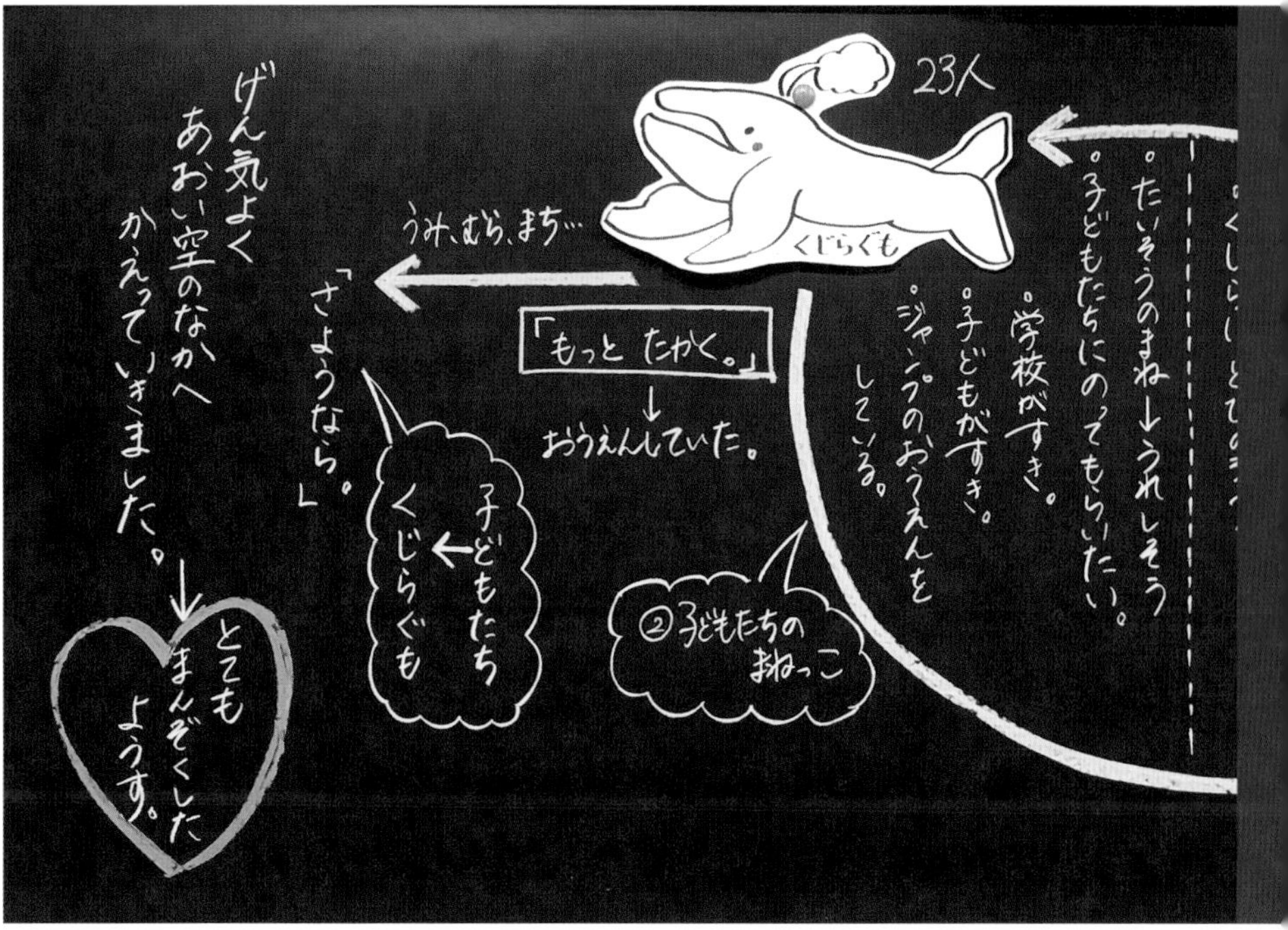
・たいそうのまね↓うれしそう
・子どもたちにのってもらいたい。
23人
くじらぐも
・学校がすき。
・子どもがすき。
・ジャンプのおうえんをしている。
「もっと たかく。」
↓
おうえんしていた。
うみ、むら、まち…
②子どもたちのまねっこ
「さようなら。」
子どもたち ← くじらぐも
げん気よく あおい空のなかへ かえっていきました。
↓
とても まんぞくした ようす。

授業の流れ

1 黒板に「くじらぐも」と「子どもたち」の絵を貼り、**「どんな出来事がありましたか」**とあらすじを問う。発表される意見に合わせて、絵を動かすことで場面の様子をしっかりとイメージさせる。

2 学習課題を提示し、自分の立場を明確にさせる。「遊びたい」という気持ちが教科書のどの記述から伝わってくるかを明確にさせながら交流を行う。

3 それぞれの気持ちは、教科書に書かれている「会話文」や「行動」から想像できることを確認し、まとめる。代表児童に二枚のイラストを操作させ、もう一度、全体の振り返りを行うことも効果的である。

移動型 ≫ 獣医さんの七つの仕事を動かすことで二つに分類し、仕事の種類で仲間分けができる板書。

「どうぶつ園のじゅうい」

（光村図書　2年）

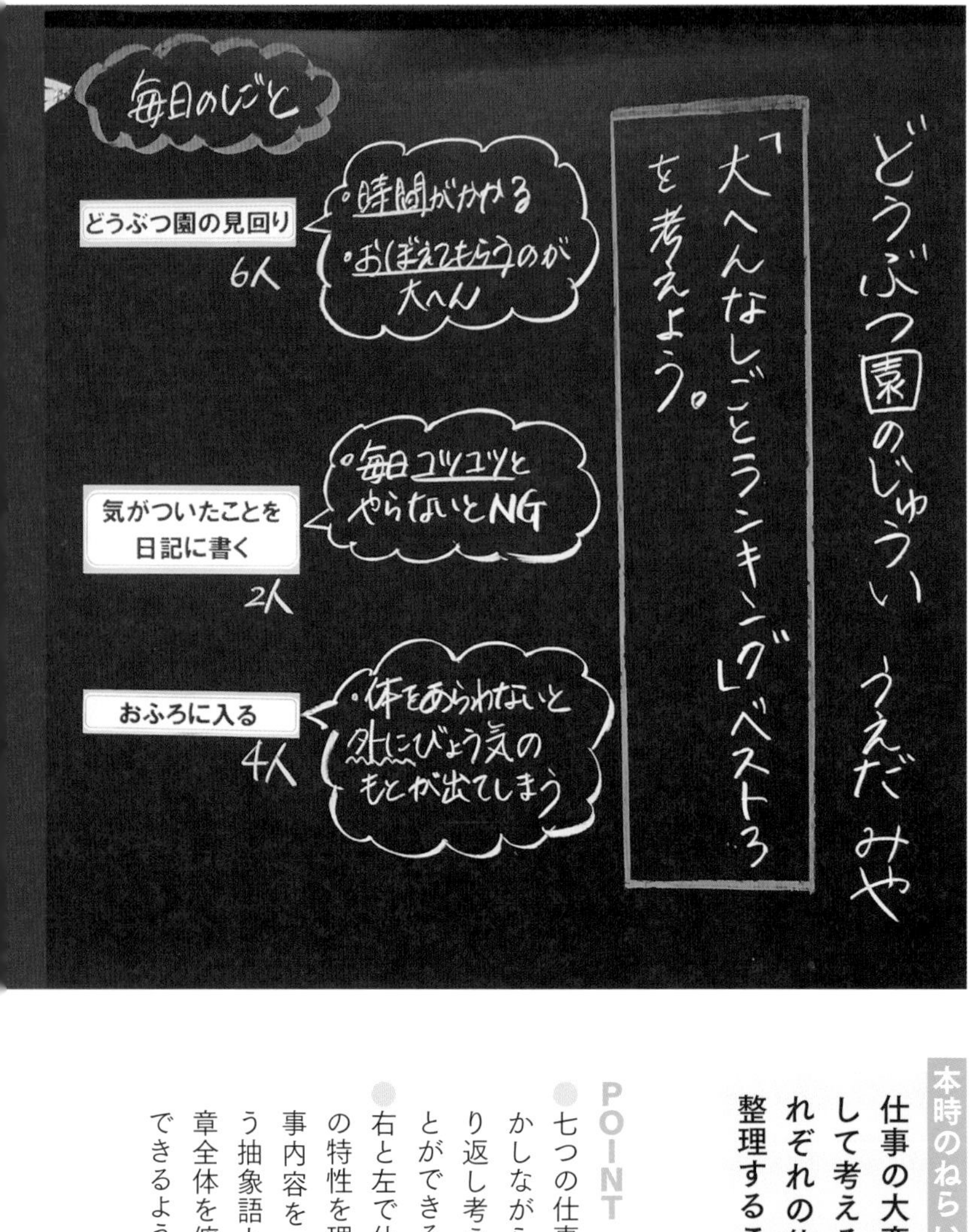
どうぶつ園のじゅうい　うえだ　みや
「大へんなしごとランキング」ベスト3
を考えよう。
毎日のしごと
どうぶつ園の見回り
6人
・時間がかかる
・おぼえてもらうのが大へん
気がついたことを日記に書く
2人
・毎日コツコツとやらないとNG
おふろに入る
4人
・体をあらわないと
びょう気の
もとが出てしまう

本時のねらい

仕事の大変さをランキングにして考えることを通して、それぞれの仕事の特長を分類・整理することができる。

POINT

●七つの仕事のプレートは自由に動かしながら、仲間分けについて繰り返し考えるきっかけを与えることができる。

●右と左で仕事を分類し、仕事内容の特性を理解させる。具体的な仕事内容を「毎日」「ある日」という抽象語として考えることで、文章全体を俯瞰して読み取ることができるようになる。

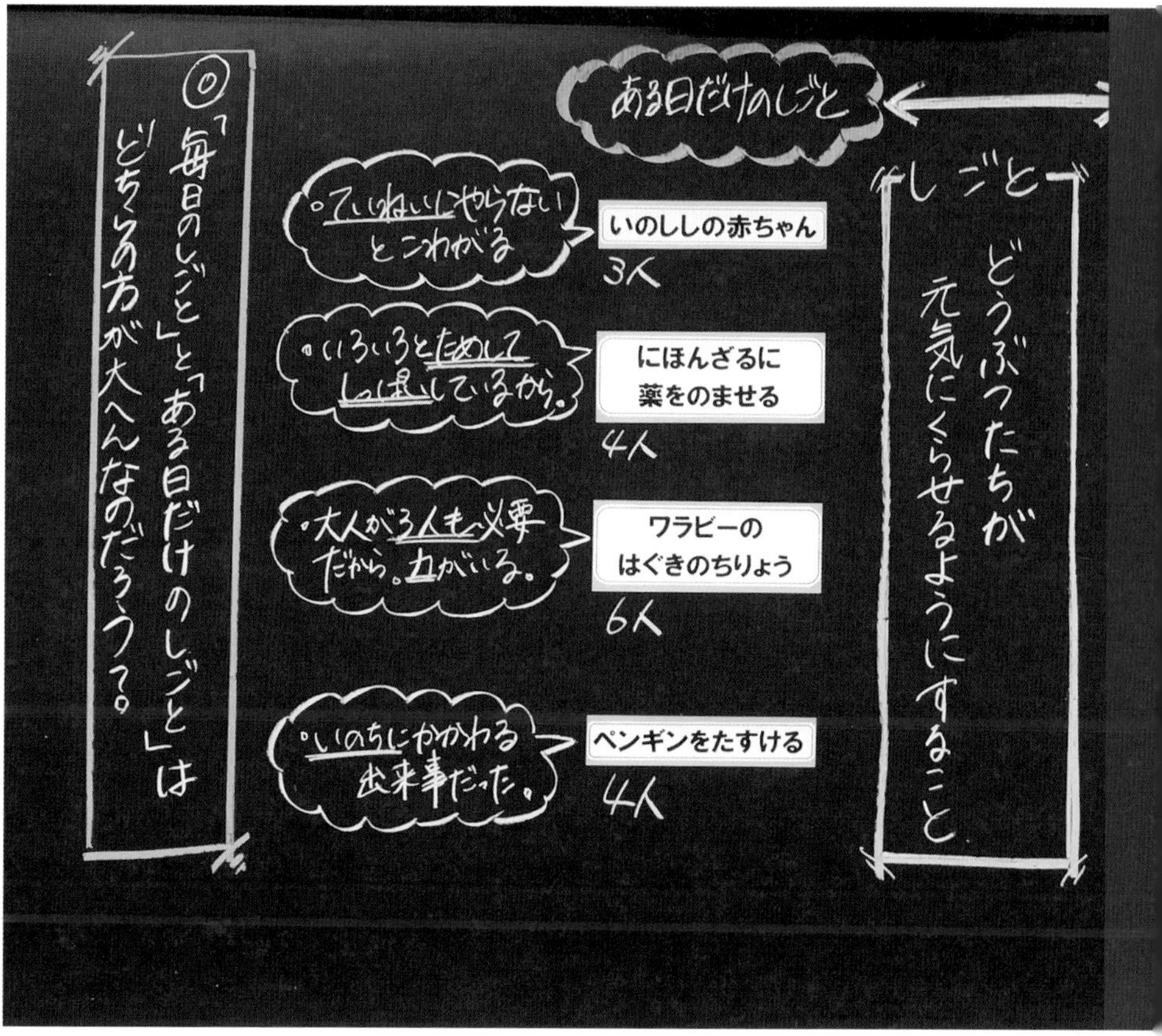
しごと
どうぶつたちが元気にくらせるようにすること
ある日だけのしごと
・ていねいにやらないとこわがる
いのししの赤ちゃん
3人
・いろいろとためしてしっぱいしているから。
にほんざるに薬をのませる
4人
・大人が3人も必要だから。力がいる。
ワラビーのはぐきのちりょう
6人
・いのちにかかわる出来事だった。
ペンギンをたすける
4人
◎「毎日のしごと」と「ある日だけのしごと」はどちらの方が大へんなのだろうて。

授業の流れ

1 本文で紹介されている獣医さんの七つの仕事を確認する。学習課題を提示し、「大変」という視点からランキングを考える。ランキングの中から「1位」に何を選んだのかを学級で人数を確認し、板書する（ネームプレートを貼ってもよい）。

2 「1位」に選んだ理由を発表させる。それぞれの仕事の大変さを共有した後、教師から**「先生は右と左で仕事を分けていますが、どのように分けているか分かりますか」**と訊ねる。

3 「毎日」「ある日」のどちらの仕事の方が大変かを話し合い、仕事内容への理解をさらに深める。

穴埋め

型 ≫ ねずみの後に登場する生き物を考えることで、順序のきまりを類推できる板書。

「おおきなかぶ」

（光村図書 1年）

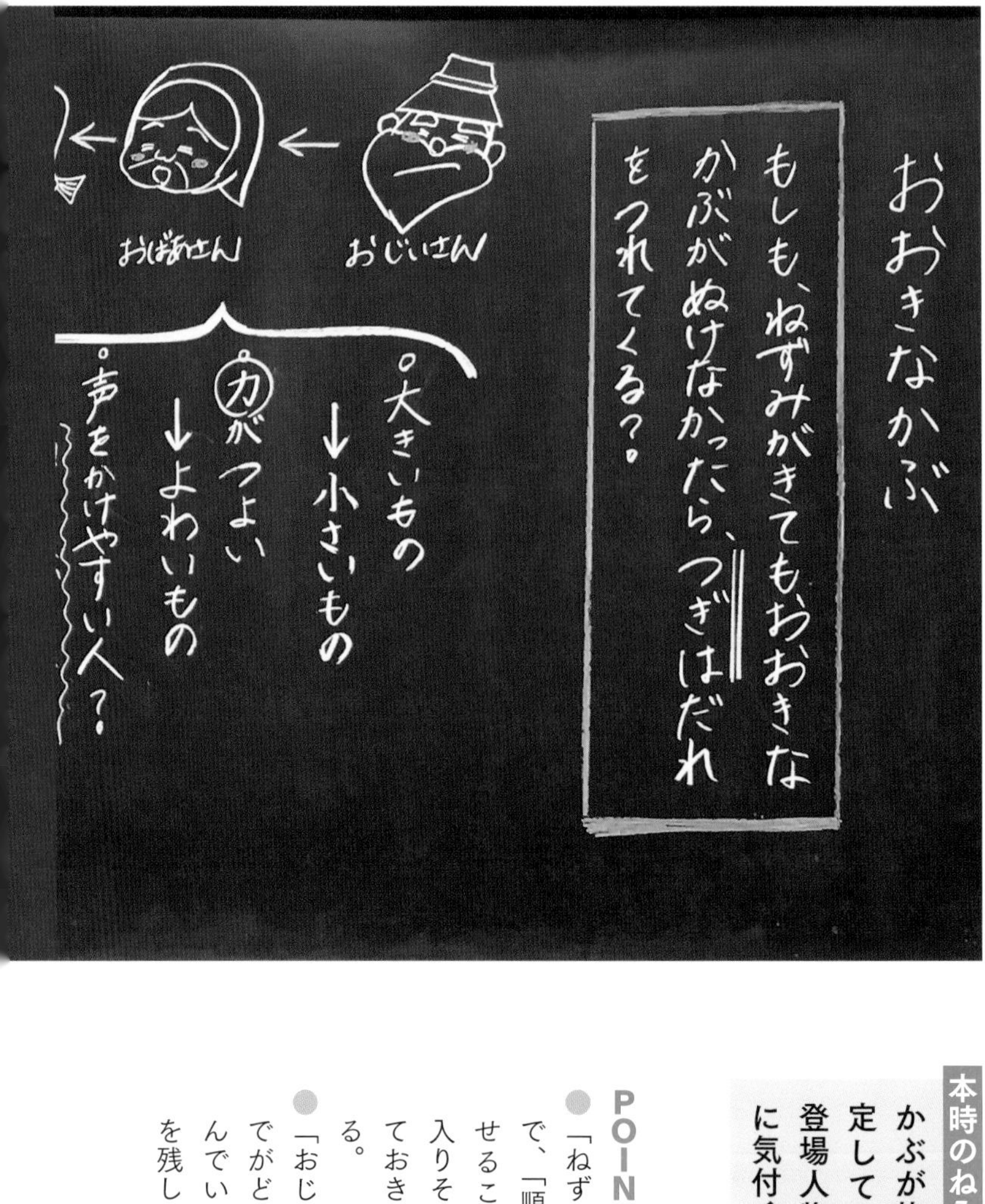
おおきなかぶ
もしも、ねずみがきてもおおきなかぶがぬけなかったら、つぎはだれをつれてくる？
おじいさん
おばあさん
。大きいもの
↓
小さいもの
。力がつよい
↓
よわいもの
。声をかけやすい人？

本時のねらい

かぶが抜けなかった状況を仮定して考えることを通して、登場人物の人物関係や順序性に気付くことができる。

POINT

● 「ねずみ」の後を空所にすることで、「順序」について思考を働かせることができる。「？」の中に入りそうな生き物の名前を羅列しておき、授業後半で改めて検討する。

● 「おじいさん」から「ねずみ」までがどのような順序、関係性で並んでいるのか、子どもたちの思考を残しておく。

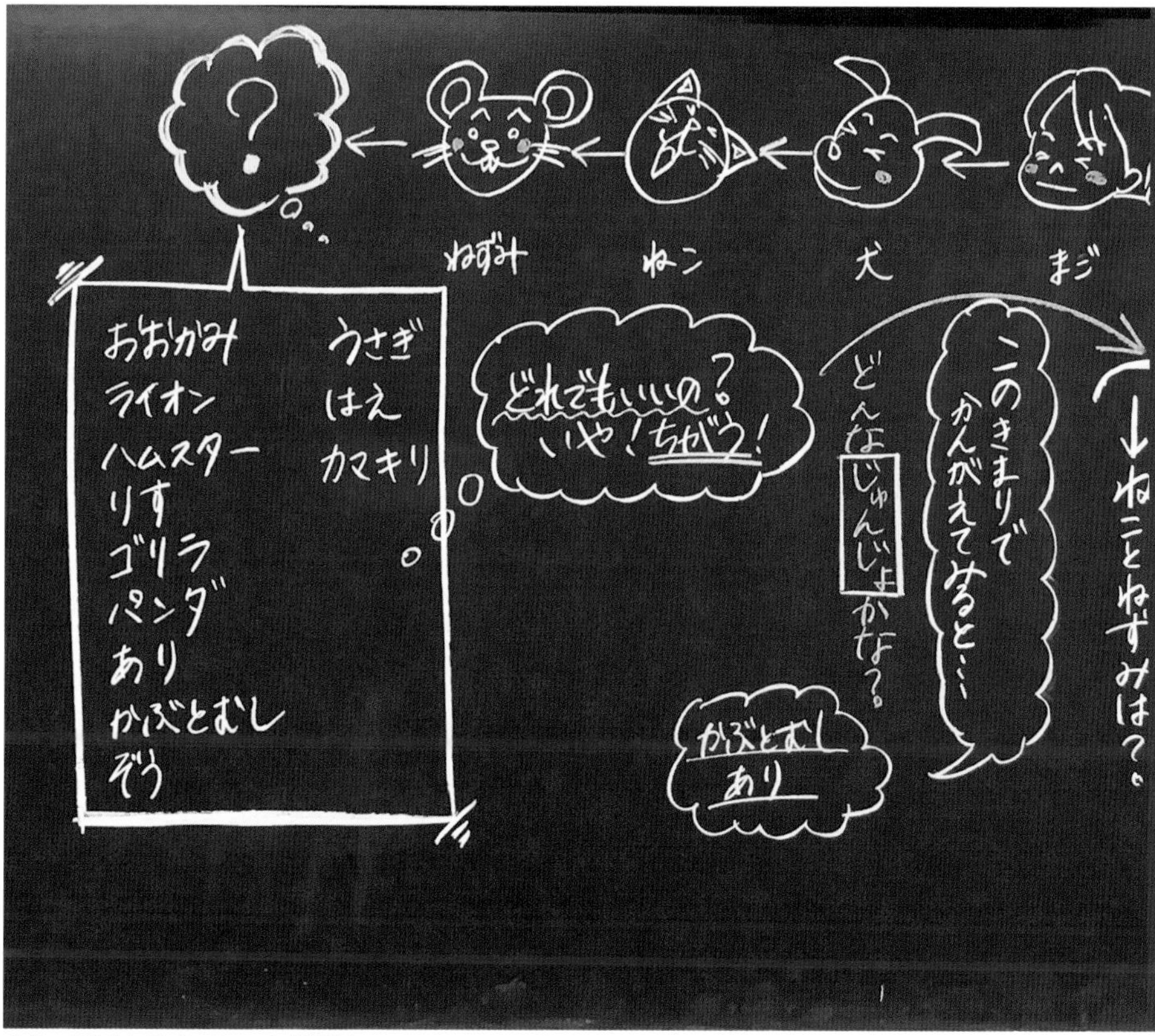

参考：長崎伸仁編（二〇一四）『「判断」でしかける発問で文学・説明文の授業をつくる』学事出版

授業の流れ

1 物語の登場人物と順序を確認しながら内容を整理する。学習課題を提示し、「ねずみ」の後に登場する生き物を考えさせる。どのような生き物を選んだのかを発表させる。

2 **発表された生き物は「どれが最も適切か」を話し合う。** 物語に登場している人物は、どのような順序、関係性になっているのかに注目させた上で考えさせたい。

3 話合いの中で発見した順序のきまりを整理し、その条件に当てはまる生き物はどれかを改めて検討する。

▼穴埋め型

穴埋め

型 ≫ うさぎとかえるの言葉を想像することで、作品のよさを具体的に実感することができる板書。

「『鳥獣戯画』を読む」

（光村図書　6年）

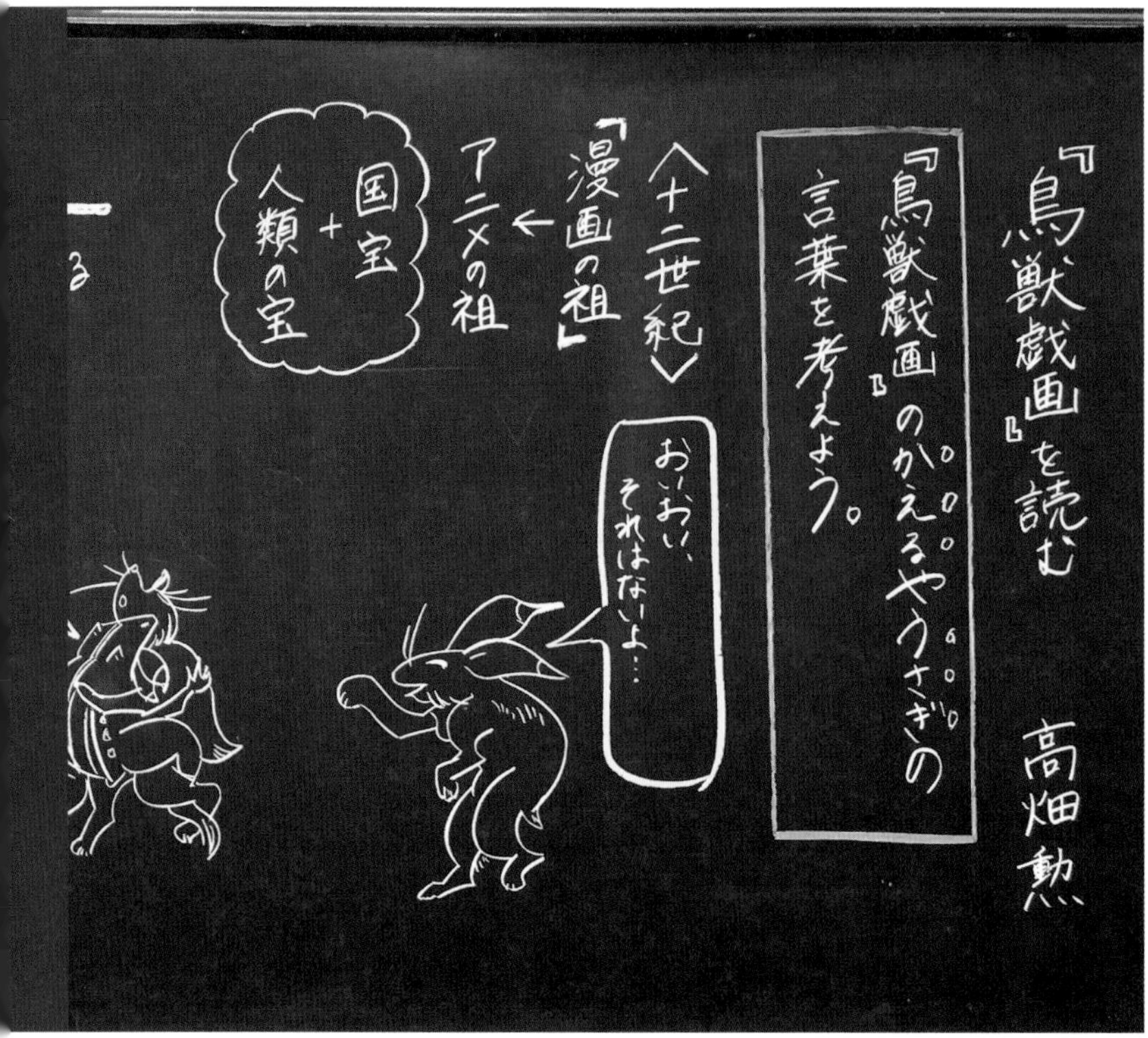

本時のねらい

吹き出しに言葉を入れる活動を通して、『鳥獣戯画』の世界を想像力豊かにイメージし、作品の優れた部分を理解することができる。

POINT

- 板書を上段と下段に分け、最初は下段のイラストに吹き出しの穴埋めを行うことでイメージを広げる。穴埋めした内容と結び付けながら、上段に作品（『鳥獣戯画』）の優れた部分を整理する。
- 「日本文化の大きな特色」につながるキーワードを押さえながら、それぞれのつながりを意識して整理する。

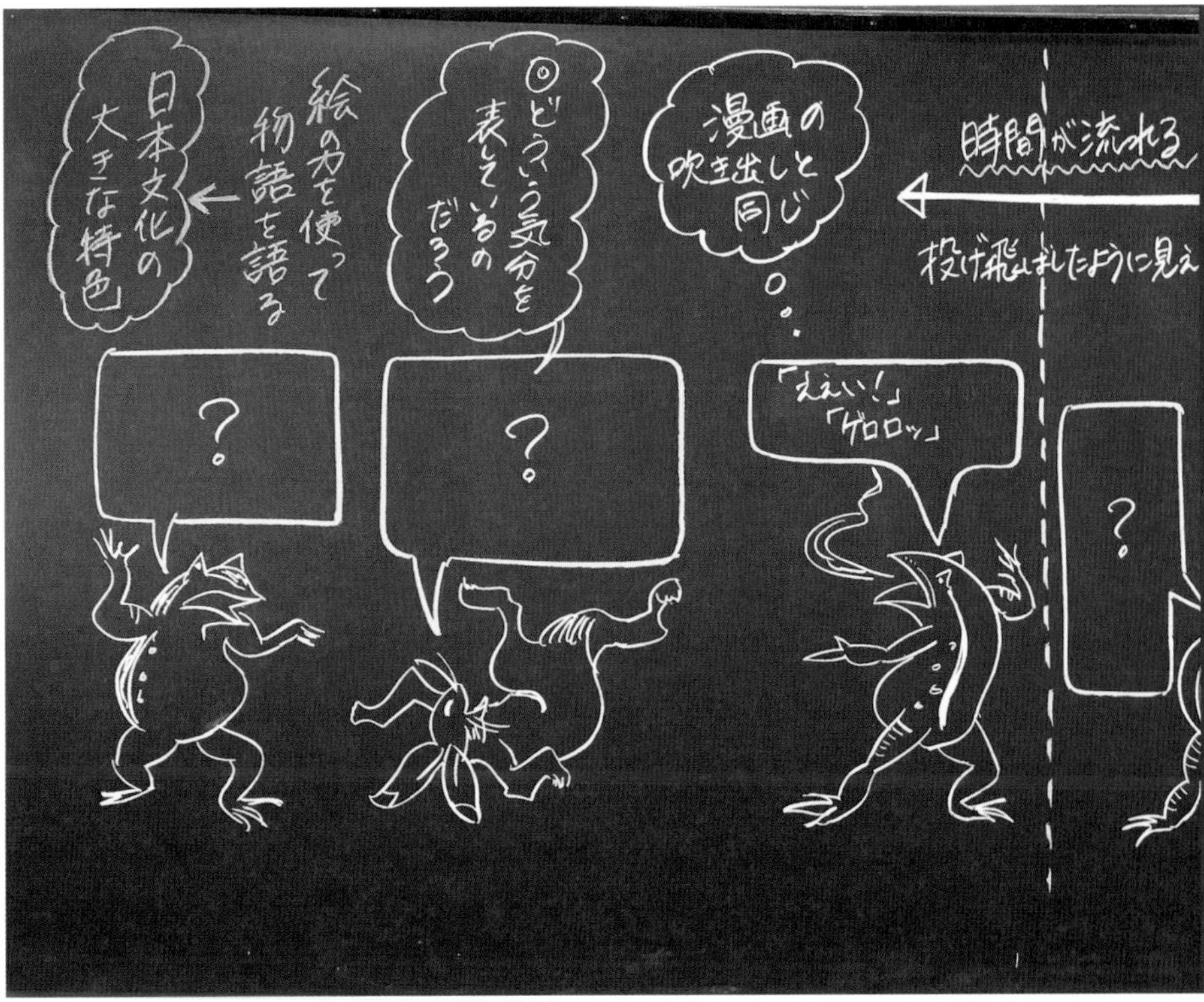

参考：長崎伸仁ほか編（二〇一六）『子どもに「深い学び」を！　小学校　アクティブ・ラーニングを取り入れた国語授業』東洋館出版社

授業の流れ

1 イラストに用意された吹き出しにはどんな言葉が入るかを考える。グループや全体で考えを共有した後、現代の漫画やアニメにもつながる要素が含まれていることを確認する。

2 実際に吹き出しに言葉を穴埋めしたことで気付いた「作品の優れた部分」について話し合う。**二つのイラストのつながりから「時間の流れ」や「物語として成立している点」を押さえ、日本文化の大きな特色であることを確認する。**

3 本時の学習を振り返りながら、昔から今につながる文化について自分の考えをノートにまとめる。

循環型 ≫ 昼と夜で豆太の様子が違うことを知り、豆太の変化について考えることができる板書。

「モチモチの木」

（光村図書 3年）

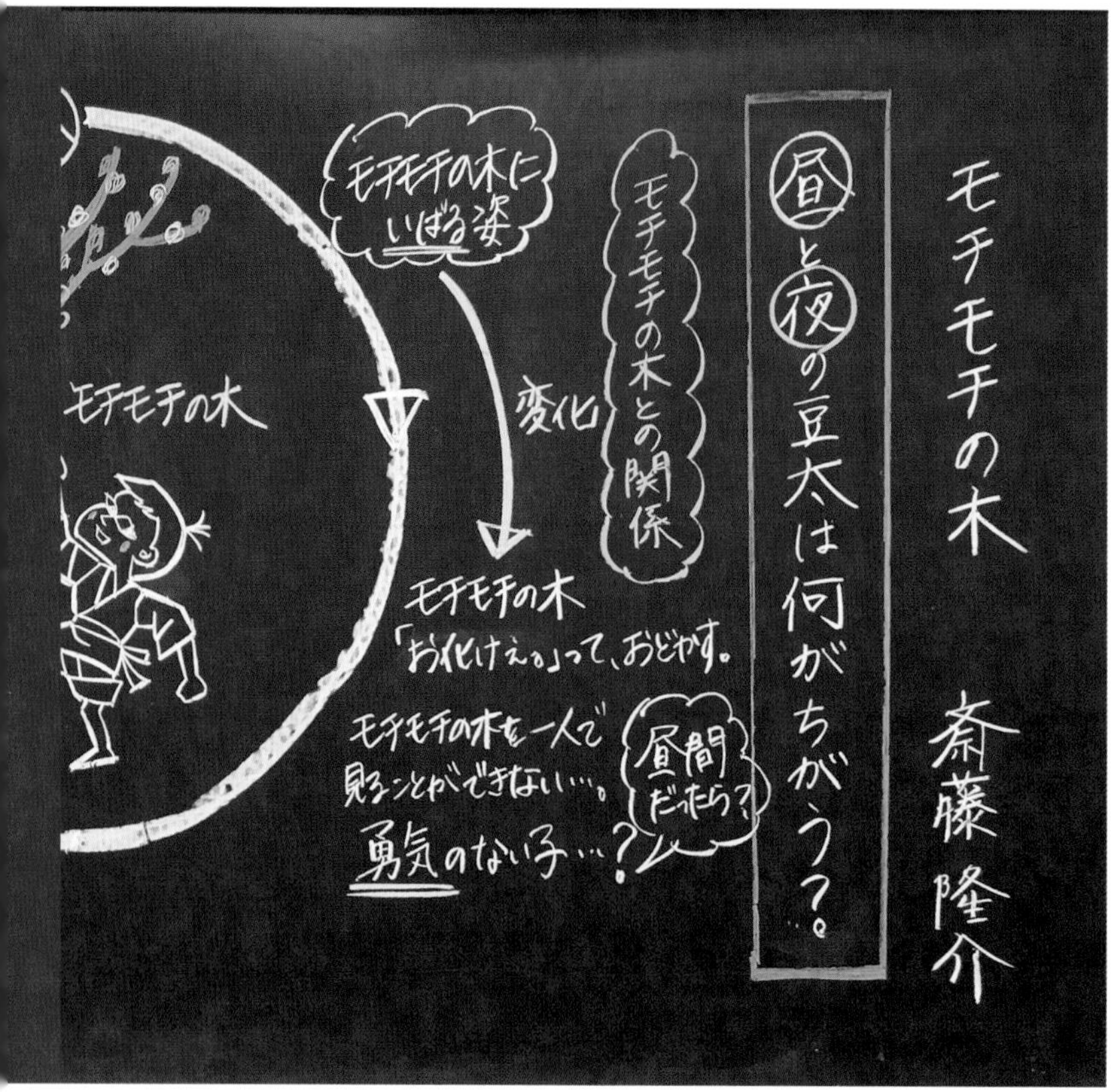
モチモチの木
斎藤隆介
昼と夜の豆太は何がちがう？。
モチモチの木との関係
モチモチの木にいばる姿
変化
モチモチの木
「お化けぇ。」って、おどかす。
モチモチの木を一人で見ることができない…。
勇気のない子…？
昼間だったら？
モチモチの木

本時のねらい

昼と夜の豆太の比較を通して、違いを明らかにしながら、豆太がどのように変化した（していない）のかを理解することができる。

POINT

- 循環型の形で示すことで日頃から「昼」と「夜」の違いが繰り返されていることを確認できる。昼と夜でどのような変化が起こるのか、左右に分けて二つの観点から整理する。
- 豆太に大きな変化をもたらしたと思われる「霜月二十日のばん」以降についても確認できるように板書に示しておくと分かりやすい。

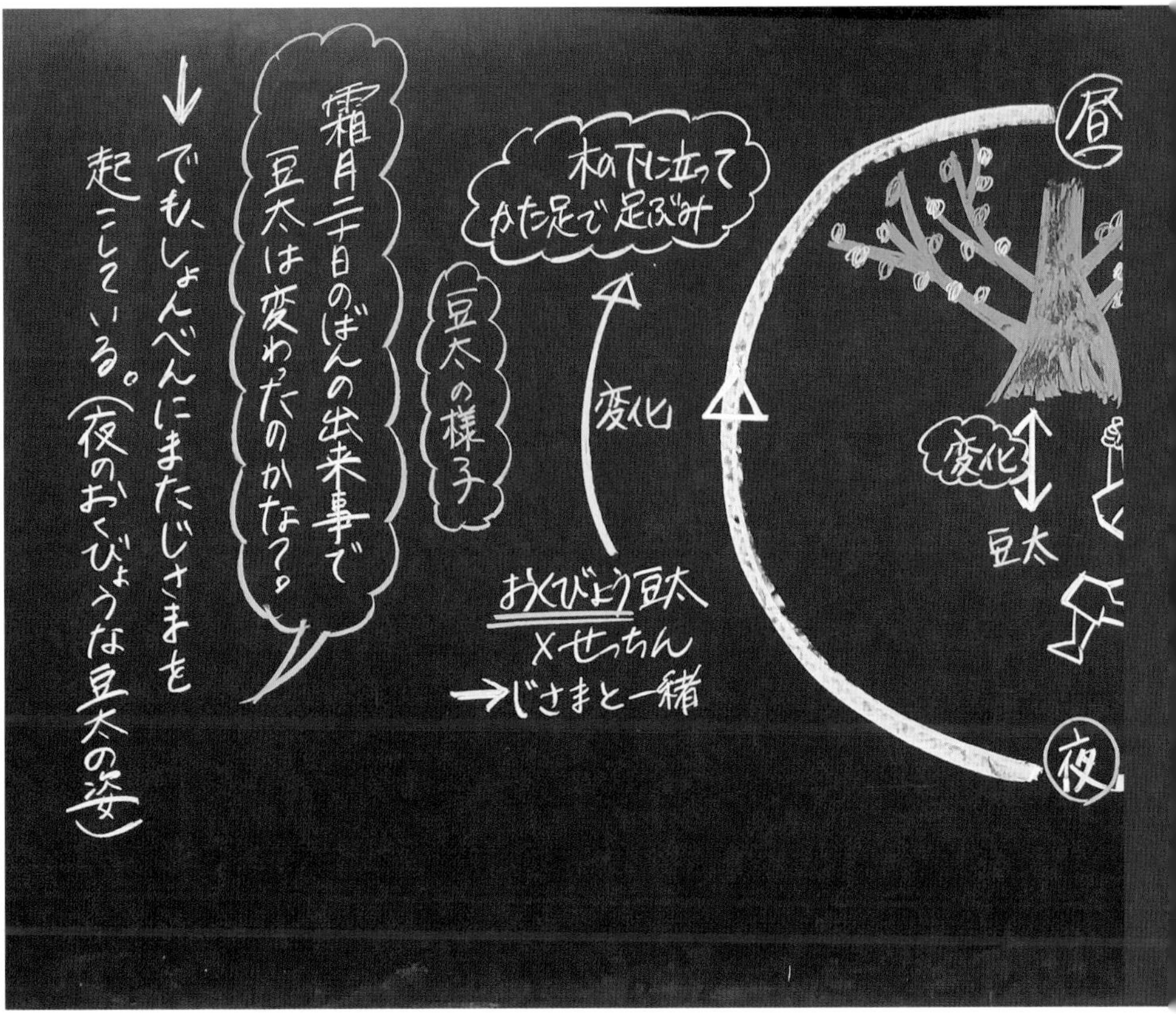

授業の流れ

1 「豆太の様子はいつも一緒か」を確認する。昼と夜で大きな違いがあることに気付かせる。板書に「循環型」の図を描き、学習課題を提示する。

2 **昼と夜とでは、どのような点が違うのかを話し合う。**「豆太の様子」と「モチモチの木との関係」という二つの視点からそれぞれ変化の内容を整理する。これらの様子は、昼と夜で繰り返されていることも確認する。

3 物語の大きな出来事である「霜月二十日のばん」の後、豆太は変われたのかを話し合う。豆太が臆病な姿を再び見せていることを押さえたい。

»「笑う」と「楽しい」の関係性を確認しながら、筆者の主張を捉えることができる板書。

「笑うから楽しい」

（光村図書 6年）

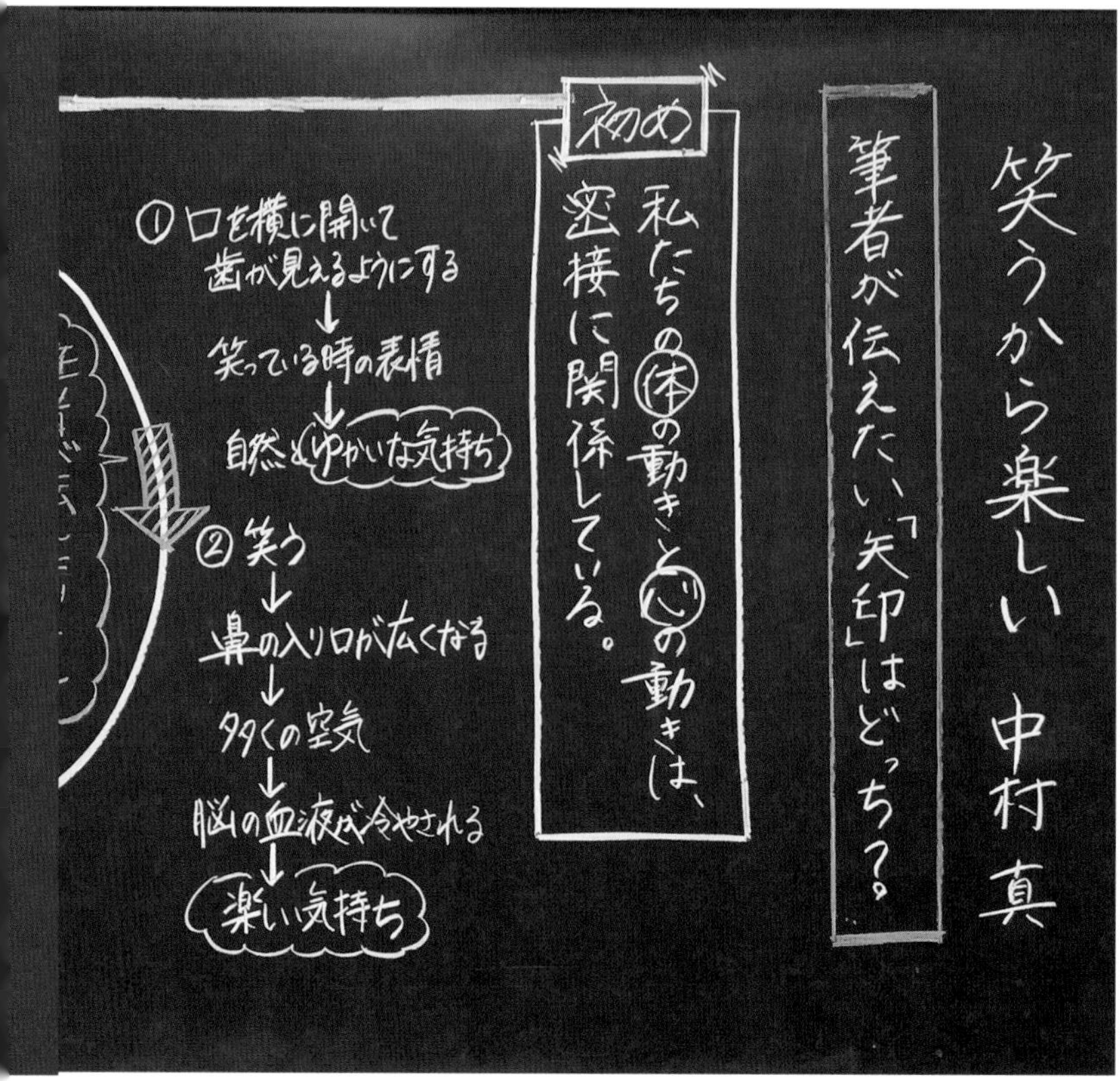
笑うから楽しい　中村真
筆者が伝えたい「矢印」はどっち？
初め
私たちの体の動きと心の動きは、密接に関係している。
①口を横に開いて歯が見えるようにする
笑っている時の表情
自然とゆかいな気持ち
②笑う
鼻の入り口が広くなる
多くの空気
脳の血液が冷やされる
楽しい気持ち

本時のねらい

筆者の主張を整理し、読者に対して伝えようとしていることを想像しながら読み取ることができる。

POINT

● 「笑う」と「楽しい」の関係は、どちらからの矢印も成り立つことを確認した上で、筆者の主張はどちらであるかを考えさせる。どちらの場合も具体的事例を確認しながら、整理する。

● 学習課題を「初め」と「終わり」に書かれている「体」と「心」の関係と結び付けることで文章構造と関連付けて思考しやすくする。

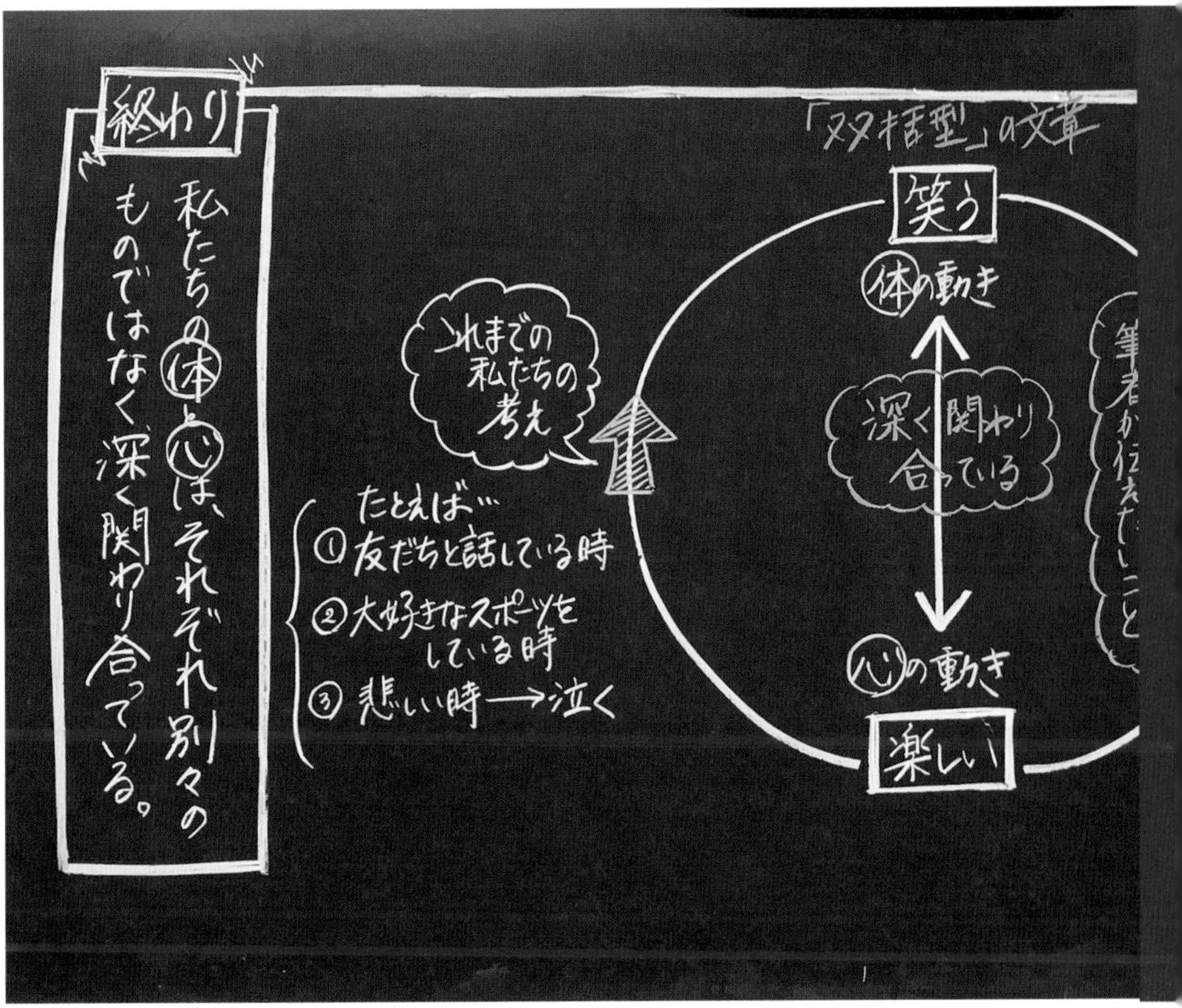

授業の流れ

1 本文における「筆者の主張」はどこに書かれているのか、前時までの学習を振り返りながら確認する（双括型の文章）。「笑う」と「楽しい」の関係性を表した循環型の図を描き、学習課題を提示する。

2 **二つの矢印（赤と青）が示している具体的な内容について話し合う。**それぞれの内容を示す具体的事例を確認しながら、体と心の関係性について読み取る。

3 「笑う」と「楽しい」を例に提示された「体」と「心」の関係は繰り返し起こることを図を活用しながら確認する。その上で筆者が伝えたいことは「赤」の矢印であることを知る。

あとがき

本書は私の初めての単著です。今からちょうど十年前、私は、大学の卒業にあたり所属するゼミのエッセイ集に「自身の研究成果を執筆し、日本に発信する」との「夢」を記しました。そして、その夢をこのような形で、ついに叶えることができました。今回、まとめさせていただいた「立体型板書」10のバリエーションは、まだまだこれからも進化し続けます。私は、「イノベーション」への熱い想いを胸に抱きながら、日々の授業実践に取り組み続けます。読者の皆様からも忌憚のない御意見、御感想をいただければ幸いです。

本書の発刊にあたり、たくさんの方々のご尽力を賜りましたこと、深く感謝いたします。

まず、本書の執筆のきっかけを与えてくださった桂聖先生。桂先生には、これまで国語の研究会でお会いする度に、何度も励ましのお言葉をかけていただき、未熟な私に対しても、「これからの国語教育を担っていく人に成長できるように」と的確な御指導と明日の実践につながる希望の光を示していただきました。私の恩師である長崎伸仁先生との「必ず日本の国語教育を変えていく」という大きな誓いを果たすための大切な第一歩をこのような形で踏み出すことができたのも、桂先生のおかげです。長崎先生と御一緒においしいお酒を飲み交わしながら、本書について語り合えないことは非常に残念ですが、きっと空の上で「ぬまっち、まだまだこれからだぞ。頑張れよ」と笑顔で見守ってくださっていると思います。長崎先生、桂先生の御期待にお応えできるよう、また、恩返しできるように、これからも成長し続ける教師であることをここに決意いたします。桂先生、本当にありがとうございました。

次に、中洌正堯先生（国語教育探究の会・顧問）。中洌先生には、本書の執筆にあたり、第一章について多くの御指導をいただきました。中洌先生には、これまでも幾度も御指導をいただきましたが、今回の板書についての御指導も大変勉強になりました。読者にとってより分かりやすい文章表現の在り方や柔軟な教材研究の視点を改めて学ばせていただきました。一つひとつのお言葉が私の「宝物」です。心より御礼申し上げます。

また、本書の執筆の企画段階で私に様々な道筋を示してくださった大竹裕章さん。ご退職に伴い、本書の発刊まで一緒にお仕事をさせていただけなかったことは非常に残念でしたが、大竹さんとの打ち合わせで「日本の国語教育を変えたい」と熱い思いを共有させていただけたことは、今でも大切な原点となっています。新天地でもお身体に気を付けて、ご活躍ください。

そして、東洋館出版社の刑部愛香さん。何度も何度も細かな点まで御配慮いただき、何も分からない私への温かな励ましの言葉をいただけたことで、初めての単著を発刊することができました。いつも心温まる言葉をかけてくださり、本当にありがとうございました。今後も、よろしくお願いいたします。

最後に、いつも私の一番そばで励ましを贈り、どんなに辛い時も支えてくれている妻と息子への感謝の言葉で本書を閉じたいと思います。いつも本当にありがとう。

沼田拓弥

参考文献一覧

■岡本美穂（二〇一六）『子どもの力を引き出す板書・ノート指導の基本とアイデア』ナツメ社
■桂聖編著（二〇一八）『「めあて」と「まとめ」の授業が変わる「Ｗｈｉｃｈ型課題」の国語授業』東洋館出版社
■加藤辰雄（二〇一八）『本当は国語が苦手な教師のための国語授業の板書・ノート指導小学校編』学陽書房
■栗田正行（二〇一三）『わかる「板書」伝わる「話し方」』東洋館出版社
■栗田正行（二〇一七）『9割の先生が知らない！すごい板書術』学陽書房
■筑波大学附属小学校国語教育研究部編著（二〇一六）『筑波発読みの系統指導で読む力を育てる』東洋館出版社
■中洌正堯監修（二〇一七）『アクティブ・ラーニングで授業を変える！「判断のしかけ」を取り入れた小学校国語科の学習課題48』明治図書出版
■長崎伸仁編著（二〇〇八）『表現力を鍛える説明文の授業』明治図書出版
■長崎伸仁・村田伸宏編著（二〇一一）『表現力を鍛える対話の授業』明治図書出版
■長崎伸仁編著（二〇一四）『「判断」でしかける発問で文学・説明文の授業をつくる　思考力・判断力・表現力を共に伸ばす！』学事出版
■長崎伸仁・桂聖（二〇一六）『文学の教材研究コーチング』東洋館出版社
■長崎伸仁監修（二〇一六）『子どもに「深い学び」を！小学校アクティブ・ラーニングを取り入れた国語授業』東洋館出版社
■長崎伸仁編著（二〇一六）『物語の「脇役」から迫る全員が考えたくなるしかける発問36』東洋館出版社
■樋口綾香編著（二〇一八）『3年目教師勝負の国語授業づくり　楽しさと深い学びを生み出す！スキル＆テクニック』明治図書出版
■拙稿（二〇一六）「思考過程が見える板書＆ノート作り」『教育科学国語教育』７９８号　明治図書出版
■拙稿（二〇一八）「『比較』『具体⇕抽象』『未知と既知をつなぐゆさぶり』で授業を創る！」『教育科学国語教育』８２４号　明治図書出版
■拙稿（二〇一九）「子供の思考を可視化する板書の創り方」『教育科学国語教育』８３３号　明治図書出版

著者紹介

沼田拓弥

（ぬまた・たくや）　（2019年12月現在）

1986年生まれ。東京都世田谷区立玉川小学校教諭。創価大学大学院教職研究科教職専攻修了。八王子市立七国小学校勤務を経て現職。全国国語授業研究会監事。東京・国語教育探究の会事務局長。国語教育創の会事務局。

共著に『物語の「脇役」から迫る　全員が考えたくなる　しかける発問36』、『「めあて」と「まとめ」の授業が変わる「Which型課題」の国語授業』（いずれも東洋館出版社）がある。

国語授業イノベーションシリーズ

INNOVATION
国語授業イノベーションシリーズ

「日本の教育を変える」という志のもと、
筑波大学附属小学校教諭・桂 聖が中心になって企画するシリーズ。
『「めあて」と「まとめ」の授業が変わる「Which 型課題」の国語授業』(桂聖編著・N5 国語授業力研究会著、東洋館出版社)を原点の本とし、1人1人の実践者・研究者が国語授業をよりよくするための理論や方法を提案する。

国語授業イノベーションシリーズ
「立体型板書」の国語授業 10のバリエーション

2020(令和2)年1月2日 初版第1刷発行
2021(令和3)年8月10日 初版第6刷発行

著　者　沼田拓弥
発行者　錦織圭之介
発行所　株式会社東洋館出版社
〒113-0021 東京都文京区本駒込5丁目16番7号
営業部 電話03-3823-9206 FAX03-3823-9208
編集部 電話03-3823-9207 FAX03-3823-9209
振替 00180-7-96823
URL http://www.toyokan.co.jp

[装幀・本文デザイン] 中濱健治
[印刷・製本] 藤原印刷株式会社

ISBN978-4-491-03966-4 Printed in Japan

JCOPY <(社)出版者著作権管理機構 委託出版物>
本書の無断複写は著作権法上での例外を除き禁じられています。複写される場合は，そのつど事前に，
(社)出版者著作権管理機構(電話:03-5244-5088, FAX:03-5244-5089, e-mail:info@jcopy.or.jp)の許諾を得てください。